体育运动

短跑 中长跑 跨栏
DUANPAO ZHONGCHANGPAO KUALAN

主编 支二林 吴海宽
　　　李伟亮 张志成

走进**大自然**
走到阳光下
养成**体育锻炼**好习惯

吉林出版集团股份有限公司　全国百佳图书出版单位

图书在版编目（CIP）数据

短跑 中长跑 跨栏 / 支二林，吴海宽等主编.—长春：吉林出版集团股份有限公司，2011.5（2024.1 重印）
ISBN 978-7-5463-5258-9

Ⅰ．①短… Ⅱ．①支… ②吴… Ⅲ．①短跑—青年读物②短跑—少年读物③中长跑—青年读物④中长跑—少年读物 Ⅳ．①G822.1-49②G822.2-49

中国版本图书馆 CIP 数据核字（2011）第 081728 号

短跑 中长跑 跨栏

主编	支二林 吴海宽 李伟亮 张志成
责任编辑	息望 沈航
出版发行	吉林出版集团股份有限公司
印刷	三河市同力彩印有限公司
版次	2011 年 7 月第 1 版　2024 年 1 月第 8 次印刷
开本	787mm × 1092mm　1/16　印张　10　字数　100 千
地址	吉林省长春市福祉大路 5788 号　邮编 130000
电话	0431-81629968
电子邮箱	11915286@qq.com
书号	ISBN 978-7-5463-5258-9
定价	45.80 元

版权所有　翻印必究
如有印装质量问题，请寄本社退换

《体育运动》 编委会

主　任　宛祝平

编　委　支二林　方志军　王宇峰　王晓磊　冯晓杰
　　　　田云平　兴树森　刘云发　刘延军　孙建华
　　　　曲跃年　吴海宽　张　强　张少伟　张铁民
　　　　李　刚　李伟亮　李志坚　杨雨龙　杨柏林
　　　　苏晓明　邹　宁　陈　刚　岳　言　郑凤家
　　　　宫本庄　赵权忠　赵利明　赵锦锦　潘永兴

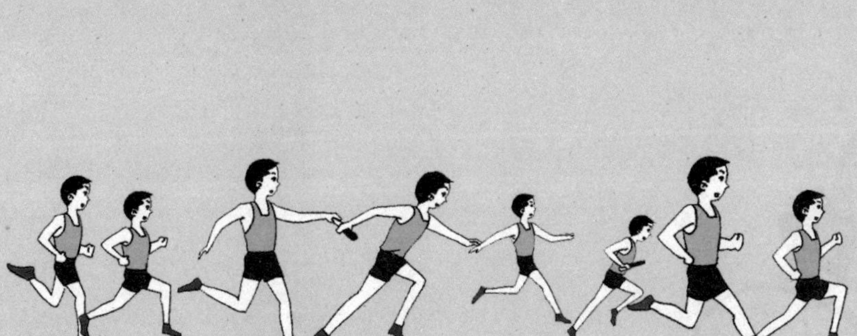

目录 CONTENTS

短跑 中长跑

第一章 运动保护
 第一节 生理卫生……………………2
 第二节 运动前准备…………………3
 第三节 运动后放松…………………8
 第四节 恢复养护……………………10

第二章 短跑、中长跑概述
 第一节 短跑…………………………12
 第二节 中长跑………………………15

第三章 短跑、中长跑的场地、器材和装备
 第一节 场地…………………………22
 第二节 器材…………………………25
 第三节 装备…………………………26

第四章 短跑、中长跑基本技术
 第一节 短跑基本技术………………30
 第二节 中长跑基本技术……………63

目录 CONTENTS

第五章 短跑、中长跑基础战术
 第一节 短跑基础战术……………………78
 第二节 中长跑基础战术…………………80

第六章 短跑、中长跑比赛规则
 第一节 程序………………………………86
 第二节 裁判………………………………91

跨栏

第七章 跨栏概述
 第一节 起源与发展………………………98
 第二节 特点与价值………………………100

第八章 跨栏场地和装备
 第一节 场地………………………………104
 第二节 装备………………………………106

第九章 跨栏基本技术
 第一节 男子110米跨栏…………………112
 第二节 女子100米跨栏…………………118
 第三节 男、女400米跨栏………………122

目录 CONTENTS

第四节 跨栏辅助练习..................129
第五节 跨栏专项身体训练..............134
第十章 跨栏比赛规则
第一节 程序........................150
第二节 裁判........................151

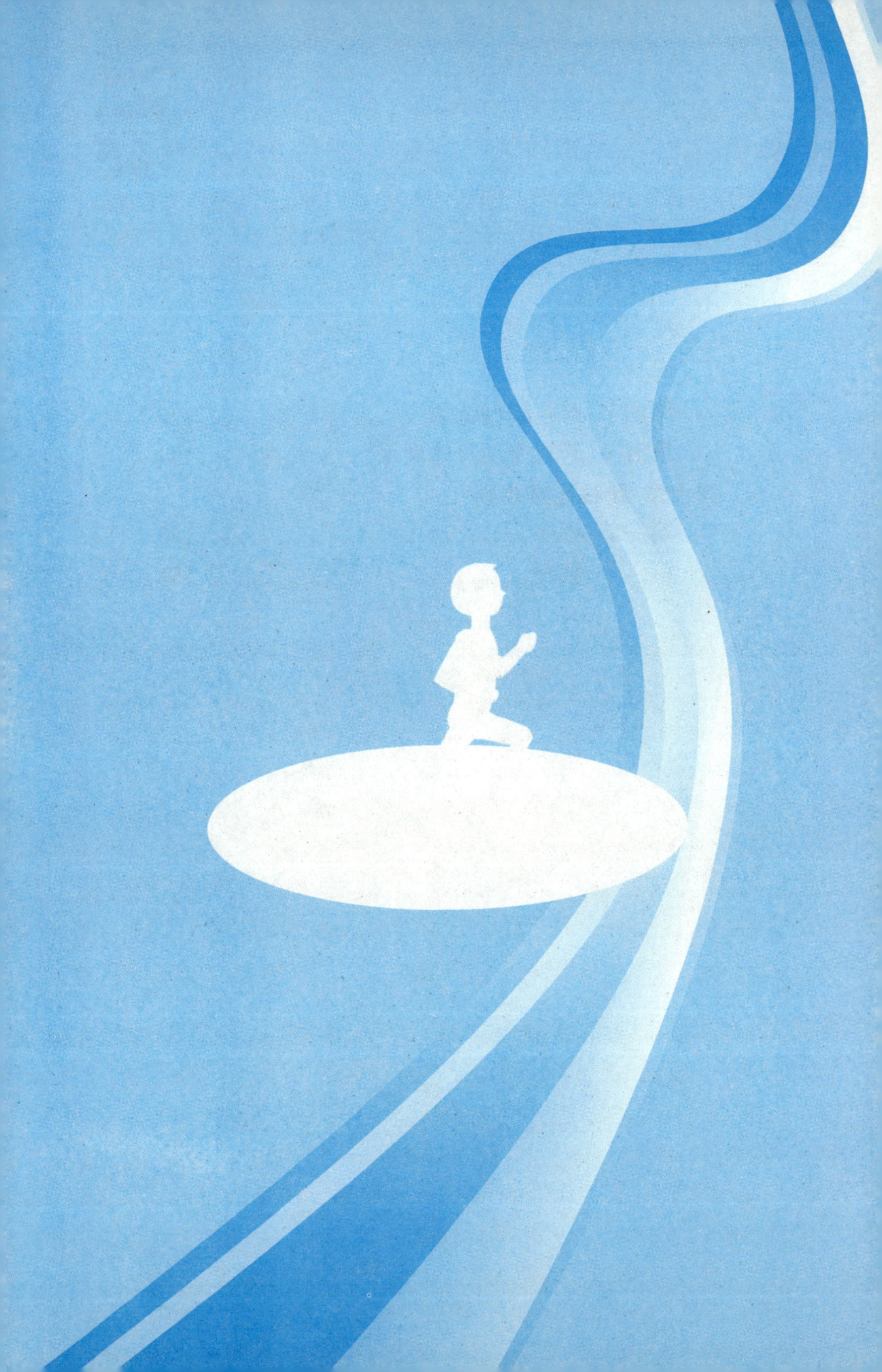

短跑 中长跑

第一章 运动保护

"生命在于运动",但是盲目、不科学的运动非但不能起到强身健体的作用,反而会给身体带来一定的伤害。只有掌握体育锻炼的一般性生理卫生知识,科学地进行体育锻炼,才能起到健身强体的作用。

第一节 生理卫生

青少年在进行体育运动时，除了应进行一般性的身体检查和必要的咨询外，还要注意培养运动兴趣和把握适当的运动强度。

一、培养运动兴趣

在进行体育运动前，必须培养自己对体育运动的兴趣。培养兴趣的方法有很多，如观看体育比赛，与同学、朋友进行体育比赛等。有了浓厚的兴趣，就能自觉地投入体育运动之中，从而达到理想的体育锻炼效果。

二、把握运动强度

因为青少年进行体育运动，主要是在享受体育运动的过程中增强体质，提高健康水平，而不仅是为了创造运动成绩，所以运动强度不宜过大。控制运动强度最简单的办法是测定运动时的脉搏。对青少年来说，运动时的脉搏控制在每分钟140次左右较为合适。

第二节 运动前准备

运动前进行充分的准备活动，对于青少年来说是非常重要的。一些青少年体育运动爱好者，常常不重视运动前的准备活动，导致各种运动损伤，影响运动效果，也容易失去对体育运动的兴趣，甚至造成对体育运动的畏惧。因此，青少年在进行体育运动前，必须做好充分的准备活动。

一、准备活动的作用

运动前做好充分的准备活动能够对肌肉、内脏器官有很大的保护作用，同时还可以提前调节运动时的心理状态。

（一）提高肌肉温度，预防运动损伤

运动前进行一定强度的准备活动，不仅可以使肌肉内的代谢过程加强，温度增高，血液黏滞性下降，提高肌肉的收缩和舒张速度，增强肌力，同时还可以增加肌肉、韧带的弹性和伸展性，减少由于肌肉剧烈收缩而造成的运动损伤。

（二）提高内脏器官的功能水平

内脏器官的功能特点之一就是生理惰性较大，即当活动开始、肌肉发挥最大功能水平时，内脏器官并不能立刻

进入最佳活动状态。

(三)调节心理状态

青少年进行体育锻炼不仅是身体活动,同时也是心理活动。研究证明,心理活动在体育锻炼中起着非常重要的作用。体育锻炼前的准备活动,可以起到心理调节的作用,即接通各运动中枢间的神经联系,使大脑皮层处于最佳兴奋状态。

二、如何进行准备活动

一般来说,准备活动主要应考虑内容、时间和运动量等问题。

(一)内容

准备活动可分为一般准备活动和专项准备活动。一般准备活动主要是一些全身性的身体练习,如跑步、踢腿、弯腰等。一般准备活动的作用在于提高整体的代谢水平和大脑皮层的兴奋状态,减少运动损伤的发生。专项准备活动是指与所从事的体育锻炼内容相适应的动作练习。

下面介绍一套一般准备活动操,供青少年运动前使用。这套活动操主要包括头部运动、肩部运动、扩胸运动、体侧运动、体转运动、髋部运动和踢腿运动等。

1. 头部运动

头部运动的动作方法(见图1-2-1)是：

两手叉腰，两脚左右开立，做头部向前、向后、向左、向右，以及绕环运动。

2. 肩部运动

肩部运动的动作方法(见图1-2-2)是：

手扶肩部，屈臂向前、向后绕环，以及直臂绕环。

3. 扩胸运动

扩胸运动的动作方法(见图1-2-3)是：

屈臂向后振动及直臂向后振动。

4. 体侧运动

体侧运动的动作方法(见图1-2-4)是：

两脚左右开立，一手叉腰，另一臂上举，并随上体向对侧振动。

5. 体转运动

体转运动的动作方法(见图1-2-5)是：

两脚左右开立，两臂体前屈，身体向左、向右有节奏地扭转。

6. 髋部运动

髋部运动的动作方法(见图1-2-6)是：

两脚左右开立，两手叉腰，髋关节放松，向左、向右各做360°旋转。

7. 踢腿运动

踢腿运动的动作方法(见图1-2-7)是：

两臂上举后振，同时一腿向后半步，然后两臂下摆后振，同时向前上方踢腿。

图 1-2-1

图 1-2-2

图 1-2-3

YUNDONG BAOHU 运动保护

图 1-2-4

图 1-2-5

图 1-2-6

007

图 1-2-7

（二）时间和运动量

准备活动的时间和运动量随体育锻炼的内容和量而定，由于以健身为目的的体育运动量较小，因此准备活动的量也相对较小，时间也不宜过长，否则，还未进行体育锻炼身体就疲劳了。半小时的体育锻炼，准备活动时间一般以10分钟左右为宜。

第三节 运动后放松

进行剧烈的体育运动后，有些青少年习惯坐在地上，或是直接躺下来休息，认为这样可以快速消除疲劳。其实不然，这样做的结果不仅不能尽快地恢复身体功能，反而会对身体产生不良影响，正确的做法应该是运动后做一些整理活动，放松身体。

一、运动后整理活动的必要性

运动后的整理活动不但可以避免头晕等症状，还可以有效地消除疲劳。

(一)避免头晕

人体在停止运动后，如果停下来不动，或是坐下来休息，静脉血管失去了骨骼肌的节律性收缩，血液会由于受重力作用滞留在下肢静脉血管中，导致回心血量减少，心血输出量下降，造成暂时性脑缺血，出现头晕、眼前发黑等一系列症状，严重者甚至会出现休克。为了避免这些症状的发生，整理活动是非常必要的。

(二)消除疲劳

除了避免头晕等症状的发生，运动后的整理活动还可以改善血液循环状态，达到快速消除疲劳的目的。

二、放松方法

在运动后放松时，应注意以下几个问题：
(1)做一些放松跑、放松走等形式的下肢运动，促进下肢静脉血的回流，防止体育锻炼后心血输出量的过度下降；
(2)在下肢活动后进行上肢整理活动，右臂活动后做左臂的

整理活动，通过这种积极性休息，使身体功能得到尽快恢复；

（3）整理活动的量不要过大，否则整理活动又会引起新的疲劳；

（4）在进行整理活动时，应当保持心情舒畅、精神愉快。

第四节 恢复养护

人体在运动后，除采用休息和积极性体育手段加速身体功能的恢复外，还可以根据体育运动的特点，补充不同的营养物质，以尽快消除疲劳。

体育运动结束后，人体内会产生一种叫作乳酸的酸性物质，它的积累会造成肌体的疲劳，使恢复时间延长。所以，我们在体育运动后，应多补充一些碱性食物，如蔬菜、水果等，而动物性蛋白等肉类食品偏"酸"，在运动后的当天可适当减少摄入。

第二章　短跑、中长跑概述

跑是双脚交替腾空、用腿蹬地与手臂摆动相配合的循环周期性运动,是人类基本的一种活动。人类在原始社会为了生存,与野兽搏斗时就学会了跑。

随着社会的进步和体育竞技的兴起,跑逐渐成为一种基本的体育运动项目。

第一节 短跑

短跑是田径运动径赛项目中距离短、速度快，人体运动器官在大量缺氧情况下完成的极限强度的周期性运动项目。短跑的正式比赛项目有100米、200米、400米三项，其他接力项目都是围绕这三项变化而来的。

一、起源与发展

短跑作为跑的一个分支，是在人们的实践中逐渐发展起来的，在古希腊奥运会上就是一个重要的运动项目。现代奥运会开展百余年来，随着短跑技术的改进和科技水平的提高，人类的速度潜能被不断发掘，速度极限不断攀升。

（一）起源

短跑是一项古老的运动项目。早在公元前766年第1届古希腊奥林匹克运动会上就有了赛跑项目。根据考古学家发掘的古希腊运动场址考证，古希腊各地的竞技场地跑道长度为176～193米。

古希腊人跑的技术尚未见到文字记载，从古希腊装饰瓷器上所画的形象分析，古希腊人跑的姿势是上体前倾较大，腿抬得较高，落地前小腿有向前摆的动作，并且动作开阔，步幅较大。

(二)发展

现代短跑运动的发展有100多年的历史。在1896年的第1届现代奥林匹克运动会田径比赛上,就设置了男子100米和400米短跑比赛。第2届奥运会上设置了男子200米短跑比赛,起初为直道起跑,后改为弯道起跑。

前4届奥运会的400米跑是不分跑道的,但鉴于犯规现象时常发生,因此第5届400米决赛第一次开始分道进行比赛。

19世纪末到20世纪初,人们普遍采用的短跑技术是"踏步"跑法,动作特点是躯干前倾较大,大腿抬得高,脚落地点离身体重心投影点近,步幅较小,步频较快,跑的动作较为紧张。

后来芬兰人克里麦特率先采用了"迈步式"的短跑技术,技术的特点是躯干较前倾,头部高抬、小腿前伸,脚的着地点离重心投影点较远,步幅增大,步频略减慢,整个短跑动作显得自然轻松。

从短跑技术上看,由"踏步式"向"迈步式"的发展是一个很大的进步,使得短跑项目的成绩明显提高。

20世纪60年代末期,塑胶跑道的使用使短跑技术和运动成绩产生了很大的飞跃。1968年,在墨西哥奥运会上,美国运动员海因斯以9.9秒的成绩打破了运动员阿明·哈里创造并保持8年之久的100米10秒的世界纪录,在200米和400米比赛中,美国的史密斯和伊万斯分别以19.8秒和43.9秒的成绩获得冠军,并打破了世界纪录。

在第11届奥运会以前,短跑运动员不使用起跑器,一直是在起跑道上挖穴起跑的。到1938年,起跑器才被正式批准使用。几十年来,体育研究人员和教练员对短跑的起跑器进行了大量的研

究和改进,还根据运动员的形态、技术和素质状况的差异,设计出如"普通式""拉长式""接近式"等起跑器的安装方法,使运动员在起跑时能够迅速、及时地摆脱静止状态,获得尽量大的起跑初速度。

20 世纪 80 年代的《田径规则》严格规定,短跑运动员在比赛中一律采用"蹲踞式"的起跑姿势,在"预备"口令发出后,运动员的四肢必须支撑地面。这种起跑姿势一直沿用至今。

短跑的发展,自 1896 年第 1 届奥运会创造的第一个 100 米成绩 12 秒到 1996 年第 26 届奥运会贝利创造的世界纪录 9.84 秒,前后经历了 100 年,成绩提高了 2.16 秒。

2005 年 6 月 14 日,牙买加选手阿萨法·鲍威尔在雅典打破了世界百米纪录,成绩为 9.77 秒。2007 年 9 月 9 日,在意大利雷蒂大奖赛男子 100 米小组赛中,鲍威尔以 9.74 秒的成绩再次刷新了由他自己创造的世界纪录。

鉴于近代科学技术水平的提高,运用科学技术发挥人体潜在功能的方法不断出现,使最大限度地提高短跑运动成绩成为可能,世界纪录将会继续被刷新。

二、特点与价值

短跑是田径运动中最基本、最广泛、最流行的一个项目,不仅是对拼搏精神的反映,同时也给人一种永不停止、一直向前的精神指导,这要归功于短跑的特点和价值。

（一）特点

短跑技术逐渐改善，形成了更为合理的短跑技术，特点是更加强调摆动腿，高抬膝，前摆大腿时积极送髋，支撑腿着地积极，脚"扒地"动作柔和，后蹬动作有力，蹬摆配合协调，摆臂动作幅度大而向前，其优点在于身体各部分动作协调、自然、步幅大、步频快。

除了技术特点外，短跑还能反映出一个人的拼搏精神。短跑运动员在比赛中有享受拼搏、享受比赛的感觉，如遇到对方实力差不多，他会更加努力，这使短跑极具观赏性。

（二）价值

短跑不仅是竞技项目，同时也是具有较高强身价值的体育项目。经常练习短跑能提高人体神经系统兴奋和抑制的调节能力，提高神经过程的灵活性；改善肌肉的物质代谢功能，提高人体起动器官和内脏器官在缺氧条件下的工作能力；提高速度、力量、灵敏等身体素质，提高快速奔跑的能力；能培养竞争意识和坚毅、顽强的意志品质等。

第二节 中长跑

中长距离跑简称中长跑，是中距离、长距离跑的合称，是发展人体耐久力的项目。它要求运动员在全程跑中维持一定的跑速，

尽可能减少体力的消耗。在技术上要求跑得轻松、协调、身体重心平衡、有良好的节奏。中长跑的完整技术包括起跑和起跑后的加速跑、途中跑、终点跑等，在比赛时采用站立式起跑。

一、起源与发展

中长跑运动的历史可以追溯到古希腊奥运会。现代奥运会开展以来，中长跑项目不断发展和完善，在项目种类上已形成男子、女子并驾齐驱的局面。

(一)起源

早在公元前724年举行的第4届古希腊奥运会上就有了中长跑项目的比赛。

现代中长跑运动兴起于英国。18世纪初，英国已有一些职业长跑选手进行长距离跑的比赛，很受人们的欢迎，以后便在世界各国普遍开展起来。

(二)发展

1.国际中长跑

中长跑各项目被列入奥林匹克运动会正式比赛项目曾经有一个较长的演变过程。

1896—1908年，第1届和第2届奥运会只设男子800米、1500米和马拉松3个项目。

1912年，斯德哥尔摩第5届奥运会增设了男子5000米、10000米两个项目。男子5个项目的比赛延续至今。

女子中长跑被列入奥运会比赛经历了一个缓慢而又曲折的过程。第1届至第8届奥运会的32年中，未设女子中长跑项目。1928年，阿姆斯特丹第9届奥运会才首次将女子800米列入比赛，但赛后又将其取消了。

直至1960年罗马第17届奥运会才恢复了女子800米的比赛。1972年，慕尼黑第20届奥运会增设了女子1500米比赛。1984年，洛杉矶第23届奥运会又增设女子3000米和马拉松跑2项比赛。在1988年汉城第24届奥运会上，女子10000米被首次列入奥运会比赛项目。

历经92年，5个女子中长跑项目才与男子中长跑项目同时进入奥运会赛场，但有所不同的是，与男子5000米相对应的是女子3000米。从亚特兰大第26届奥运会开始，女子3000米也改为了5000米。这样，在中长跑竞赛项目上，女子和男子就并驾齐驱了。

2.中国中长跑

中华人民共和国成立后，各项体育事业得到迅速发展，其中包括中长跑运动。1953年召开了第1届全国工人运动会，刷新了以前的中长跑纪录。

1959年，第1届全运会的中长跑各项成绩均大幅度提高，并首次举行了马拉松比赛。

20世纪50年代是我国中长跑水平提高最快、打破全国纪录人次最多的年代，4项中长跑中有27人55次打破全国纪录。1960—1965年虽是我国田径项目向世界水平迈进的年代，但唯有中长跑项目的成绩徘徊不前，低于世界平均水平。

近 20 多年来,女子中长跑训练狠,进步快,人才多,水平高,与男子的发展速度大不一样,现在已经跨进了世界先进水平的行列。

二、特点与价值

中长跑比赛可以培养人们顽强拼搏、敢打敢拼、百折不挠的意志品质,以及专注和执着精神。

(一)特点

中长跑属于大强度的运动项目,运动过程中有氧代谢占绝对优势。中长跑运动员必须有很强的心肺系统功能,跑的时间和距离越长,消耗的能量越大。

(二)价值

1. 增强人体的力量

经常练习中长跑可以锻炼腿部的爆发力和速度力量,增强和提高耐久力,使人体能够适应长时间高度紧张状态下的工作、训练和比赛。

2. 提高人体功能

经常练习中长跑可以改善和提高中枢神经系统工作的能力,使大脑皮层的兴奋和抑制过程更加均衡,提高大脑皮层的分析、综合能力,增强机体对外界环境变化的适应能力,同时改善和提

高中枢神经系统对内部器官的调节作用,使各器官和各系统更加灵活协调,提高肌体的工作能力。

3.促进身心健康发展

练习中长跑或参加中长跑比赛时,人体一直都是在不停地运动之中,这对身体的健康起到良好的作用,可以使骨骼结实,抗压性增强,肌纤维增粗,肌肉代谢能力加强,血液供应增加。

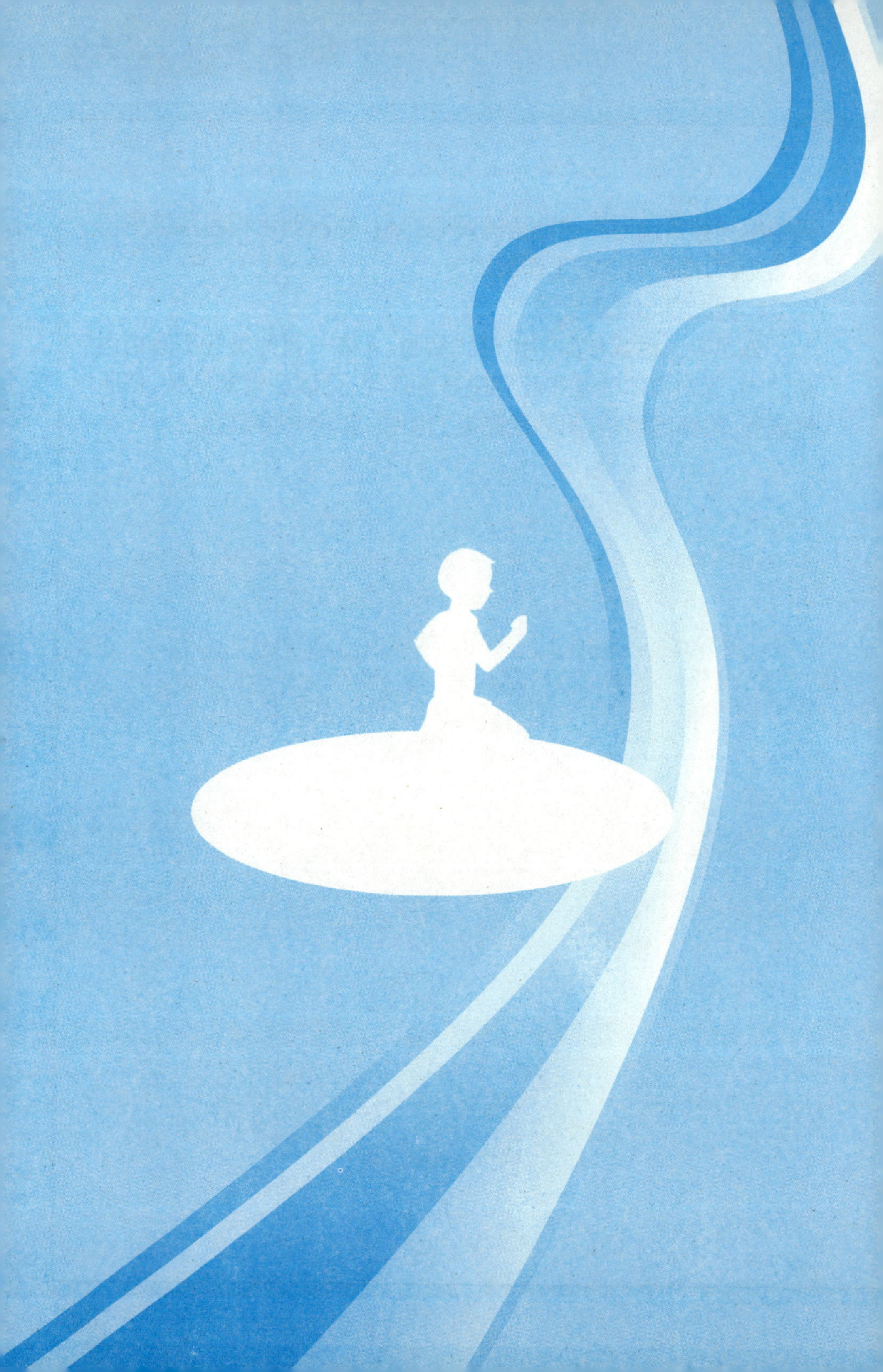

第三章 短跑、中长跑的场地、器材和装备

短跑、中长跑运动都属于田径运动,田径场地即为比赛场地。青少年平时在进行短跑和中长跑运动时,虽然对场地的要求并不高,但是为了确保运动安全和体会比赛感觉,最好选择正规的田径场地,身着合适的装备进行训练。

第一节 场地

田径运动场地是伴随着田径运动的发展演变而来的。半圆式田径场可以最大限度地适应运动员的跑步节奏,因而被世界各国广为采用。

一、规格

国际田联公布的田径规则对田径场地有明确的规定和严格的要求。

（1）标准的田径场地是 400 米的半圆式场地；

（2）标准的径赛场周长 400 米,8 条跑道,每条分道宽 1.22～1.25 米,所有分道线宽为 5 厘米,跑道左右倾斜度不得超过 1：100,跑进方向的上下倾斜度不得超过 1：1000。

二、画线

田径运动场地中的画线比较复杂,需严格遵循相关标准。精确的画线是准确测量和计算成绩的前提条件。画线包括分界线、直道延长线、内外突沿、分道线、跑道丈量点和终点线等（见图3-1-1）。

(一)分界线

分界线即直道与弯道的分界。标准田径场一般直道为 8~10 条分道,弯道为 8 条分道,整个跑道道宽为 9.76 米。

(二)直道延长线

目前常用的田径场地的直道只有 84.39 米,但在直道径赛项目 100 米跑中,起跑线后要留有活动的余地,终点线须设有运动员冲过终点的减速距离,因此,两条直道的两端应分别延长 30~35 米。

(三)内外突沿

内外突沿是跑道内外边沿的突起部分。内外突沿的宽度为 5 厘米,高出地面 5~6.5 厘米,其宽度不计算在跑道的宽度之内。

(四)分道线

400 米以下的各项径赛均采用分道比赛的方法,每条跑道宽度为 1.22~1.25 米,分道线宽 5 厘米,各分道右侧(即外侧)的分道线应包括在该跑道之内。

(五)跑道丈量点

第一跑道的丈量点应在离内突沿外侧 30 厘米处,其他跑道的丈量点均在分道线外 20 厘米处,这些丈量点的连线即为该跑道的实跑线。

(六)终点线

在正式比赛中,各项径赛的终点线都固定在同一地方,通常是第一分界线。终点线宽 5 厘米,不包括在跑程之内。

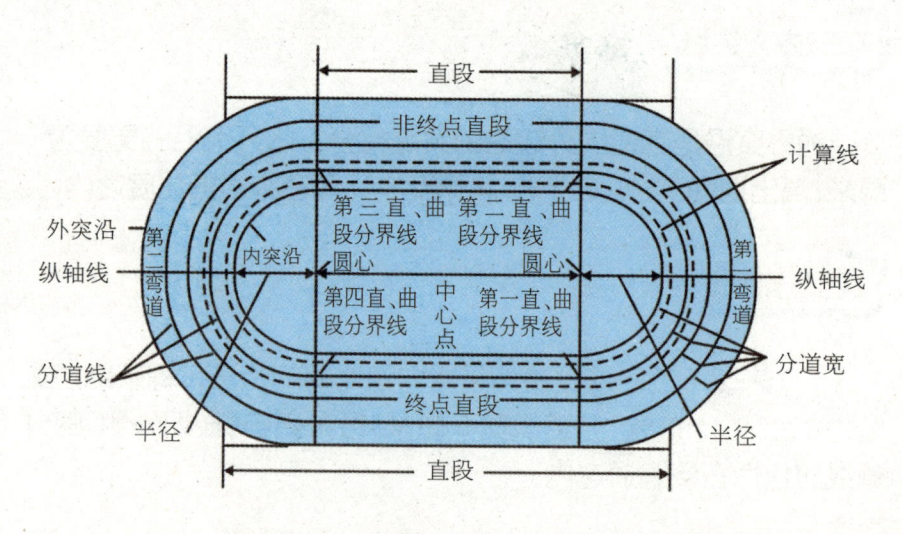

图 3-1-1

第二节 器材

《田径竞赛规则》中规定：正规的短跑比赛必须使用起跑器，而中长跑则不需要使用。起跑器的安装有普通式和拉长式两种。

一、普通式

普通式起跑器的前抵足板离起跑线后沿约为本人的一脚半长，后抵足板离前抵足板约为一脚半长。

前抵足板与地面呈 30°～45°，后抵足板与地面呈 70°～80°，两抵足板中轴线距离约 15 厘米（见图 3-2-1）。

二、拉长式

拉长式起跑器前抵足板距起跑线两脚长，后抵足板距前抵足板一脚长，其他安装要求同"普通式"（见图 3-2-1）。

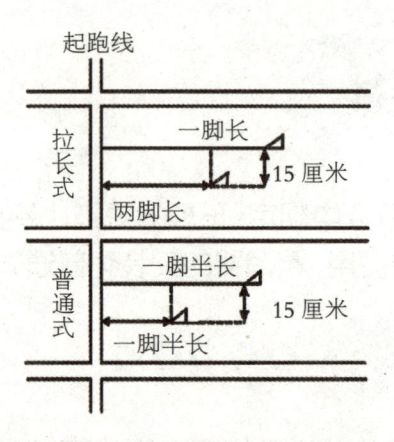

图 3-2-1

第三节 装备

　　装备是从事运动的基本条件,合适的装备是运动顺利开展和运动员技术水平正常发挥的基本保障。短跑、中长跑的装备包括比赛装备和普通练习装备。

一、比赛装备

(一)服装

1.款式

　　比赛中运动员上身主要穿贴身的背心,下身穿短裤(上下衣

也可以连体),这样可以减少跑步时的空气阻力。

2.要求

(1)参赛运动员必须穿着整洁的衣服,其设计样式和穿着方式应无碍观瞻,服装的材料湿时不得透明;

(2)运动员不得穿着可能有碍于裁判员观察的服装;

(3)运动员的比赛上衣应前后颜色一致;

(4)运动员的比赛和热身服上只能出现规定允许的广告,严格禁止任何不允许的广告或其他标记出现在运动员服装上。

(二)比赛用鞋(见图 3-3-1)

比赛用鞋主要用来保护运动员的双脚,并牢固地抓住地面。它需要满足以下要求:

(1)不得使鞋的构造为运动员提供任何额外的助力,鞋中不得附加任何种类的技术装置,以使穿着者得到任何不公平的有利条件;

(2)鞋掌和鞋跟的构造至多可安装 11 枚鞋钉,凡不超过 11 枚鞋钉的运动鞋均可以使用,但鞋钉的钉座不得超过 11 个;

(3)在塑胶跑道上举行的比赛,鞋钉在鞋掌或鞋跟外面突出部分,其长度不得超过 9 毫米,鞋钉的最大直径为 4 毫米,在非塑胶跑道上进行比赛时鞋钉最大长度为 25 毫米,最大直径为 4 毫米;

(4)鞋掌和鞋跟可有沟、脊、花纹和突起,但这部分均应采用与鞋掌底部相同或类似的材料。

图 3-3-1

二、普通练习装备

(一)服装

在家庭体育活动中,对衣服穿着的要求没有特殊规定,简单舒服即可。尽量穿能吸汗的棉质运动服,不要过于肥大,以免影响动作的发挥。

(二)鞋

鞋一般要软胶底的,不仅容易蹬地、发力,而且穿着会比较舒适。

第四章 短跑、中长跑基本技术

短跑、中长跑运动的技术动作看似简单，其实并非如此。在摆臂、蹬地等貌似简单的动作背后，蕴涵着丰富的技术特点。短跑、中长跑都是注重速度的运动，但前者更强调爆发力，后者更强调持久力，这就决定了两者的技术动作各有偏重，具有不同的特点。

第一节 短跑基本技术

掌握好短跑基本技术是有效提高短跑成绩的基本前提。基本技术包括基本跑姿、直道跑、弯道跑、接力跑和训练方法等。

一、基本跑姿

正确的跑姿有利于全身协调配合、提高短跑成绩。下面从动作周期和全身协调配合两方面来认识和学习基本跑姿：

(一)动作周期

跑是人体水平位移的一种运动形式,是单脚支撑与腾空相交替、蹬与摆相配合的周期性运动。跑步中的一个周期是由一个复步(即两个单步)构成的,所以跑步的一个周期有两个支撑周期和两个腾空周期(见图 4-1-1)。支撑周期从脚着地时起到脚离地时止,腾空周期从脚离地时起到另一脚着地时止。

图 4-1-1

(二)全身协调配合

跑步时,全身的协调配合对于提高跑速非常重要,包括腿的蹬摆、上体姿势、两臂摆动、头部姿势、脚着地和呼吸节奏等。

1.腿的蹬摆

腿的蹬摆的动作方法是:

(1)在后蹬结束的瞬间,后蹬时收缩的肌肉群应立即放松,屈髋肌群积极收缩,大腿带动小腿迅速向前摆动,小腿顺惯性与大腿自然折叠,此时,摆动腿摆动方向与骨盆沿纵轴转动的方向一致;

(2)摆动腿积极前摆,带动髋部前移和转动,带动人体重心前移,髋部的向前与转动可增加摆动腿的力量和幅度;

(3)摆动腿加速摆动,增大支撑腿对地面的压力,摆动腿前摆得愈快、幅度愈大,就愈能加大腿蹬地的力量和速度;

(4)蹬地角度要适当,同样的后蹬力量,后蹬角度较小时所获

得的向前水平分力较大。

2. 上体姿势

上体姿势的动作方法是：

(1)躯干保持稳定、正直,避免左右摇晃;

(2)上体适当前倾,有助于提高后蹬效果,但如果前倾过大,会给摆动腿前摆带来困难,影响步长,降低跑速;

(3)切忌上体后仰,否则不利于后蹬用力。

3. 两臂摆动

两臂摆动的动作方法是：

(1)注意摆臂的方向性,后摆不要过于向外,否则会影响跑的直线性;

(2)由前向后上方摆出,用力点在肘关节前,手腕要放松;

(3)由后向前摆时,将前臂收回;

(4)半握拳,两臂在体侧前后摆动;

(5)摆臂动作愈快,肘关节角度就愈小,慢摆臂时,肘关节角度则应大些;

(6)快速有力的摆动有助于维持身体平衡,还能加快腿的蹬摆动作。

4. 头部姿势

头部姿势的动作方法是：

头正直,眼睛平视,不要低头或仰头,身体基本处于直立姿势。

5. 脚着地

脚着地的动作方法是：

脚外侧先着地,然后迅速过渡到脚掌着地。

6. 呼吸节奏

跑步时，除上肢、下肢、躯干相互协调动作外，合理而有节奏的呼吸可以提高运动时心脏血管系统及呼吸系统的活动能力，给长时间的肌肉工作创造有利条件，在有氧代谢的长距离跑时尤为明显。

二、直道跑

直道跑是短跑的基本技术，直道跑技术水平的高低是短跑成绩的关键因素，包括起跑、起跑后加速、途中跑和终点跑等。

(一)起跑

起跑的任务是对发令信号作出迅速的反应，使身体迅速摆脱静止状态，并获得一个较大的向前冲力，为起跑后的加速跑创造有利条件。短距离跑采用蹲踞式起跑，起跑时使用起跑器。起跑器的安装要适合个人特点，要保证运动员在完成"预备"动作时，髋、膝、踝三关节均处于最利于爆发用力的角度。起跑动作分为"各就位""预备""鸣枪"（或"跑"）3个阶段。

1. "各就位"阶段

"各就位"口令后的动作方法（见图4-1-2）是：

(1) 轻快地走到起跑器前，两手撑地，两脚依次踏在前、后起跑器的抵足板上，后膝跪地；

(2) 两手收回，紧靠起跑线后沿，并撑于地面，两臂伸直，两手间距离比肩略宽，四指并拢或略分开，与拇指呈"八"字形，做有弹

性的支撑;

(3)头与躯干保持在一条直线上;

(4)身体重量均衡地落在两手、前脚和后膝关节之间。

2."预备"阶段

"预备"口令后的动作方法(见图4-1-3)是:

(1)吸一口气,然后从容而平稳地抬起臀部;

(2)身体重心同时前移,形成臀部高于肩、肩越过起跑线的身体姿势;

(3)前腿大、小腿夹角为 $90°\sim100°$;

(4)此时,体重主要由两臂和前脚支撑;

(5)两脚脚掌紧贴起跑器抵足板,全神贯注,静听枪声准备起跑。

3.鸣枪(或"跑")阶段

鸣枪(或"跑")口令后的动作方法(见图4-1-4)是:

(1)两手迅速推离地面,两臂屈肘做有力的前后摆动,同时两腿迅速蹬起跑器;

(2)后腿蹬离起跑器后,以膝领先向前摆出,前腿快速有力地蹬冲,髋、膝、踝三关节把身体向前上方有力地送出;

(3)此时前腿的后蹬角度为 $42°\sim45°$,上体前倾与地面呈 $15°\sim20°$。

图 4-1-2

图 4-1-3

图 4-1-4

(二)起跑后加速

起跑后加速跑是指从前脚蹬离起跑器到进入途中跑之前这一阶段,主要任务是在较短的距离内(通常在30米左右)尽快发挥较高速度,迅速转入途中跑。起跑后加速的动作方法(见图4-1-5)是:

(1)起跑第一步大腿前摆不宜过高,步长也不宜过大(一般以三个半到四个脚长为宜),否则会造成上体过早抬起和起跑停顿现象;

(2)加速跑时,两臂屈肘做有力的前后摆动,两腿交替用力后蹬和前摆;

(3)开始时,上体前倾角度较大,两脚落点左右之间的距离也较宽,以后随着步频、步长和跑速的不断增加,上体逐渐抬起,两脚落点逐渐趋于一条直线上;

(4)当上体逐渐抬起至正常跑的姿势并发挥较高跑速时,即转入途中跑。

图4-1-5

(三)途中跑

途中跑是短跑技术的主要部分,其技术正确与否决定着短跑成绩的好坏。途中跑阶段的任务是继续发挥加速跑中所获得的速度,并保持最大速度跑完全程。途中跑的速度取决于两腿动作、摆臂动作和上体姿势等因素。

1. 两腿动作

在途中跑过程中,两腿动作的协调配合是关键。左腿有力地蹬地,为右腿迅速地前摆创造了牢固的支撑条件;右腿的迅速前摆,又有助于左腿蹬地速度和力量的发挥。两腿动作包括后蹬、摆动和落地。

后蹬

在一个跑的复步中,当身体重心移过支撑点后,支撑腿就开始了后蹬,动作方法(见图4-1-6)是:

(1)当身体重心远离支撑点时,迅速伸展膝关节和蹬直踝关节,最后用脚趾蹬离地面;

(2)后蹬结束的一刹那,髋、膝、踝、趾关节充分蹬直,与躯干几乎呈一条直线,这使后蹬支撑反作用力通过身体重心,有效地推动身体向前移动;

(3)两腿蹬地力越大,速度越快;

(4)蹬地角度越小(在一定限度内),效果越好,适宜的后蹬角度有利于获得较大的水平速度,并能降低身体重心上下起伏,最佳后蹬角度一般为50°左右。

图 4-1-6

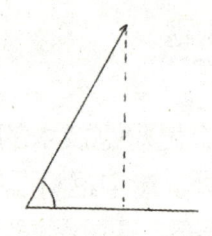

摆动

腿的摆动是从后蹬腿蹬离地面时开始的,动作方法(见图 4-1-7)是:

(1)当后蹬腿蹬离地面、身体转入腾空时,放松刚刚参加后蹬活动的肌肉群,此时小腿随大腿的前摆,顺惯性自然折叠;

(2)当大腿摆至垂直部位时,小腿折叠到极限;

(3)大腿摆过垂直部位后,继续积极主动地向前摆动,并把同侧髋关节一起带出,此时摆动腿的膝关节和小腿处于放松状态;

(4)当摆动动作结束时,蹬地腿已完全伸直,此时两大腿的夹角为 95°~110°,摆动腿小腿与蹬地腿几乎平行。

图 4-1-7

落地

当摆动腿摆至极限后开始落地,动作方法(见图 4-1-8)是:

(1)大腿积极下压,膝关节放松;

(2)小腿顺惯性前摆,在重心投影点前用脚掌完成向后下方的"扒地"动作,着地点应在膝关节的垂直下方;

(3)脚着地后顺势屈膝、伸踝,以缓和着地时产生的阻力,并使身体迅速前移。

图 4-1-8

2.摆臂动作

正确的摆臂除了有助于维持平衡外,还能加快两腿的频率和步幅,动作方法(见图 4-1-9)是:

(1)摆臂时,两手半握拳,肘关节自然弯曲呈 90°,以肩为轴前后摆动;

(2)前摆时,手高不超过下颌,肘关节略小于 90°;

(3)后摆时,肘关节略向外,大臂不超过肩,小臂几乎与躯干平行,手臂经过体侧时肘关节角度最大为 150°。

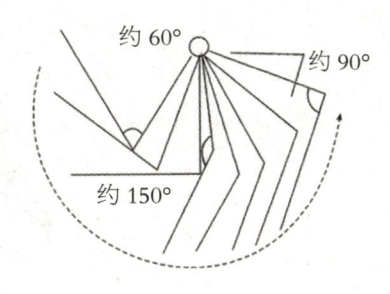

图 4-1-9

3. 上体姿势

正确的上体姿势对保持身体平衡、两臂摆动和两腿蹬摆的效果都有积极的影响,动作方法(见图 4-1-10)是:

(1)途中跑时,头部正对前方,目视终点,颈部放松,躯干保持正直或略前倾;

(2)垂直支撑时,躯干前倾角度较大,为 5°～15°;

(3)后蹬时,由于髋关节的积极前送,上体几乎是正直的;

(4)跑时,躯干沿身体纵轴适度地转动,加大两臂和两腿的摆动幅度。

图 4-1-10

(四)终点跑

终点跑的任务是尽量保持途中跑的速度并进行冲刺,尽快以躯干接触终点线内沿垂直面,通过赢得时间来取得最佳成绩和名次。短距离跑的终点跑,要求保持好途中跑的技术和节奏,把由于体力消耗和动作变形而引起的速度下降降低到最低程度。终点跑技术包括终点跑技术和终点撞线技术。

1. 终点跑技术

终点跑技术的动作方法(见图 4-1-11)是:

在距离终点线 15~20 米处,保持上体前倾的姿势,加大摆臂力度,加强后蹬,尽量避免跑速的下降。

2. 终点撞线技术

终点撞线技术的动作方法(见图 4-1-12)是:

(1)在跑到离终点线前约一步距离时,上体急速前倾,双臂后摆,以躯干任何部分撞终点线;

(2)跑过终点后,逐渐减慢跑速。

图 4-1-11

图 4-1-12

三、弯道跑

在 200 米跑与 400 米跑中,有一半以上的距离是在弯道上进行的。为了克服由于弯道跑时产生的惯性离心力的影响,弯道技术是必须掌握的。弯道技术包括弯道起跑技术和弯道跑技术等。

(一)弯道起跑技术

200米跑和400米跑都是由弯道起跑,动作方法(见图4-1-13)是:

(1)起跑器应安装在跑道外沿正对弯道切点方向的地方;

(2)"各就位"时,左手置于起跑线后5~10厘米处,身体正对切点;

(3)起跑后的一段距离应尽量沿直线跑进;

(4)沿着切线跑进,跑到切点前,身体要逐渐向左倾斜,从容地进入弯道跑。

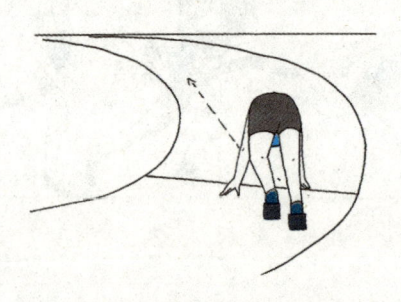

图 4-1-13

(二)弯道跑技术

弯道跑技术有助于克服惯性离心力的影响,动作方法(见图4-1-14)是:

(1)整个身体向左倾斜,右肩高于左肩;

（2）左臂靠近身体前后摆动，后摆时用力较大，并略偏向右后方；

（3）右臂摆动幅度和力量都大于左臂，并略离开身体摆动，后摆时偏向右后方，前摆时向左前方用力摆动；

（4）脚落地时，右膝和右脚略向内转，用前脚掌的内侧着地和蹬地，左膝和左脚尖略向外转，用脚外侧着地和蹬地；

（5）由弯道跑入直道时，顺惯性放松跑两三步，以消除弯道跑时所产生的多余的肌肉紧张；

（6）弯道跑时，身体向左倾斜的程度取决于弯道的半径和跑的速度，即弯道的半径越小，跑的速度越快，身体倾斜就越大。

图 4-1-14

四、接力跑

接力跑是短跑运动中的一个集体运动项目，接力跑成绩的好坏不仅取决于每名队员单项跑的成绩，而且在很大程度上取决于队员之间的密切配合与传、接棒技术的好坏。接力跑技术包括 4×100 米接力跑技术和 4×400 米接力跑技术等。

(一)4×100米接力跑技术

在所有接力跑项目中,以4×100米接力跑技术最为复杂,包括持棒人起跑、接棒人起跑、传接棒方法、各棒运动员安排、传接棒标志线确定和传接棒时机等。

1. 持棒人起跑

持棒人起跑的动作方法(见图4-1-15)是:

(1)第一棒传棒人以右手持棒,采用蹲踞式起跑,起跑技术与200米起跑技术相同;

(2)持棒的右手用中指、无名指和小拇指抓住棒的末端,用大拇指和食指分开撑地,使接力棒离开起跑线和起跑线前的地面。

2. 接棒人起跑

接棒人起跑的动作方法(见图4-1-16)是:

(1)第二、三、四棒的起跑常采用站立式起跑或半蹲踞式起跑;

(2)接棒人站在接力区后端或预跑线内(速度快的接力队大多利用预跑线),两脚前后分开立,两膝弯曲,上体前倾;

(3)第二、四棒接棒人站在跑道外侧,左腿放在前面,左手撑地,身体重心略向右偏,头转向右后方,注意跑来的同队队员和起动标志线;

(4)第三棒接棒人站在跑道的内侧,左腿在前,左手撑地,头部右转,注意跑来的同队队员和起动标志线;

(5)当传棒人跑到起动标志线时,接棒人便迅速起跑。

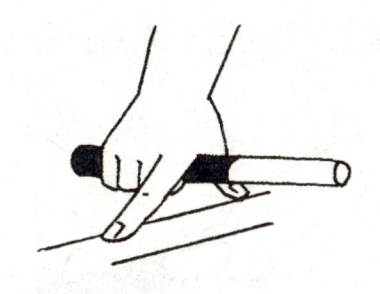

图 4-1-15

图 4-1-16

3.传接棒方法

传接棒方法很多,常用的有上挑式、下压式和混合式3种。

上挑式

上挑式传接棒的特点是接棒人向后伸手的动作比较自然,容易掌握,但是接棒后手已握在接力棒的中部,待第三棒传给第四棒时,只能握住棒的前部,容易掉棒和影响持棒快跑。上挑式传接棒的动作方法(见图4-1-17)是:

(1)接棒人的手臂自然向后伸出,手臂与躯干呈40°~50°,掌心向后,拇指与其他四指自然张开,虎口朝下;

(2)传棒人将棒由下向前上方送入接棒人的手中。

图 4-1-17

下压式

下压式传接棒的优点是每一棒次的接棒都能握住棒的一端,便于持棒快跑,缺点是接棒时,接棒人的手臂可能会紧张、不自然。下压式传接棒的动作方法(见图 4-1-18)是:

(1)接棒人的手臂自然向后伸出,手臂与躯干呈 50°~60°,手腕内旋,掌心向上,拇指与其他四指自然张开,虎口朝下;

(2)传棒人将棒的前部由上向下传到接棒人的手中。

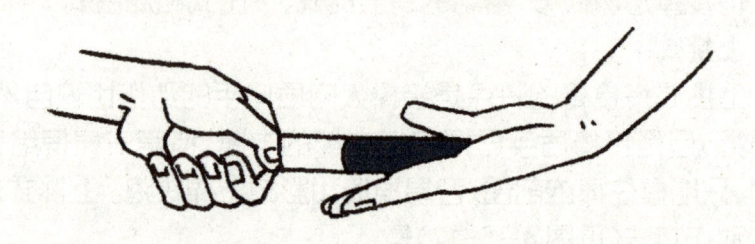

图 4-1-18

混合式

混合式是在全程跑中综合利用上述两种传接方法的优点,动作方法是:

(1)第一棒队员用右手持棒起跑,并沿跑道内侧跑,用上挑法将棒传到第二棒左手中;

(2)第二棒左手持棒沿跑道外侧跑,用下压法把棒传到第三棒的右手中;

(3)第三棒右手持棒沿跑道内侧跑,用上挑法将棒传到第四棒左手中;

(4)第四棒接棒后跑过终点。

4.各棒运动员安排

接力跑全程是由4名队员共同完成的,因此,在安排各棒队员时,必须尽量发挥每名队员的特长,具体方法是:

(1)第一棒一般要安排起跑和弯道跑技术较好的队员;

(2)第二棒应是专项耐力好并熟练地掌握传接棒技术的队员;

(3)第三棒除具备第二棒条件外,还应善于跑弯道;

(4)第四棒应是全队成绩最好,意志、品质和冲刺能力最强的队员。

5.传接棒标志线确定

为了保证传接棒能在快速开跑中完成,必须准确地确定标志线。标志线离接棒人起跑线的距离是由传接棒队员的速度和传接棒技术熟练程度决定的,并通过2名队员的反复实践来核准。

6.传接棒时机

传接棒时机的准确把握能够使两棒之间顺利衔接,动作方法

（见图 4-1-19）是：

（1）接棒队员站在预跑区的后端，当看到传棒队员跑到标志线时便迅速起跑；

（2）传棒队员跑到接力区内距接棒队员 1～1.5 米处时，立即发出传、接棒信号；

（3）接棒人接到信号后迅速向后伸手接棒，此时传棒队员将棒送到接棒队员手中；

（4）传、接棒一般应在接力区前沿后端 3 米左右的地方完成；

（5）传棒队员完成动作后，逐渐降低自己的跑速，待其他道次队员路过后，再离开跑道。

图 4-1-19

(二)4×400米接力跑技术

与4×100米接力跑技术相比,4×400米接力技术相对比较简单,但仍需注意以下几点:

(1)由于传棒人跑近终点时的速度已明显下降,因此接棒人应将注意力集中在接棒上;

(2)当传棒人跑近接棒人时,接棒人在慢加速跑中接棒后,继续加速跑进;

(3)第一棒采用蹲踞式起跑,起跑技术同4×100米接力跑的起跑;

(4)第二棒采用站立式起跑,头部侧转,目视后方,要估计好传棒人后段跑的速度,如果传棒人后段跑仍保持一定的跑速,接棒人就可早些起跑,如果传棒人的跑速缓慢,接棒人就应晚些起跑,并主动地接棒;

(5)传棒人将棒传出后应从侧面退出跑道,避免影响其他接力队的跑进;

(6)4×400米多采用换手传接棒技术,接棒人用右手接棒,跑到最后一个直道时再换到左手(第四棒接棒人不必换手),也可用右手接棒后立即换到左手跑,但是一般都要左手传棒,右手接棒,在弯道上沿跑道内侧跑进;

(7)第一棒应安排起跑技术好、实力较强的队员,争取领先,有利于第二棒抢得内道领先跑的主动地位;

(8)第四棒应是全队实力最强的队员,这对全队取得胜利起着重要的作用。

五、训练方法

短跑技术的练习,应该以途中跑作为重点,因为途中跑是运动员取得良好成绩和锻炼者取得良好锻炼效果的主要阶段。基本的短跑练习方法包括弹性跑、下坡跑、上坡跑、拉重物跑、原地摆臂、小步跑、高抬腿跑、后蹬跑、后踢小腿跑、折叠腿跑、小车轮跑、大车轮跑、上体前倾高抬腿跑和单足跑等。

(一)弹性跑

弹性跑有助于体会正确的躯干姿势、摆臂动作和腿部技术,便于在跑进中控制肢体动作,有利于短跑动作的学习和掌握,动作方法(见图4-1-20)是:

(1)上体正直或略前倾,两臂有力地前后摆动;

(2)摆腿的膝向前摆出的同时,另一腿的大腿积极下压,足前掌做扒地式着地;

(3)着地时膝关节伸直,足跟提起,同时踝关节有弹性地用力蹬地,准备下一个跑步周期的发力。

图 4-1-20

(二)下坡跑

下坡跑可以比平道跑跑得更快,有利于提高跑速,是在短时期内提高途中跑速度的有效方法,动作方法是:

在坡度不超过 4°的下坡路面上进行短跑练习,利用人体在下坡路面上重力分力向前的惯性,着重加强短跑的频率,提高跑速。

(三)上坡跑

上坡跑的动作方法是:
着重加强后蹬,提高腿部力量。

(四)拉重物跑

拉重物跑可以提高起跑时所需要的腿部力量,明显提高起跑和起跑后的加速能力,动作方法是:

用5米以上的胶带或绳子拖一旧轮胎跑。

(五)原地摆臂

原地摆臂的动作方法是:

(1)上体略前倾或正直,两脚前后站立,颈肩放松,两眼平视;

(2)手腕放松,手指略屈,两臂弯曲,大小臂约呈90°,以肩关节为轴,以大臂发力,前后有力摆动;

(3)摆动时两小臂接近平行,臂向前摆的速度要快,幅度要大。

(六)小步跑

小步跑可与摆臂结合起来做,不仅能提高全身协调能力,还可提高速率,动作方法(见图4-1-21)是:

(1)上体正直,肩放松,两臂前后自然摆动;

(2)髋、膝、踝关节放松,迈步时膝向前摆出,髋关节略有转动;

(3)摆腿的膝在向前摆出的同时,另一条腿的大腿积极下压,足前掌做扒地式着地;

(4)着地时膝关节伸直,足跟提起,踝关节有弹性。

图 4-1-21

(七)高抬腿跑

高抬腿跑的动作方法(见图 4-1-22)是:
(1)上体正直或略前倾,两臂有力地前后摆动;
(2)大腿积极向前上摆抬至水平,并略带动同侧髋向前,大小腿尽量折叠,脚跟接近臀部;
(3)在摆腿的同时,另一腿的大腿积极下压,直腿足前掌着地,重心提起,用踝关节缓冲。

图 4-1-22

(八)后蹬跑

后蹬跑的动作方法(见图 4-1-23)是:
(1)上体正直或略前倾,两臂自然摆动;
(2)摆动腿积极向前上方摆出,摆动幅度大,躯干有扭转,同侧髋充分前送;
(3)在摆腿的同时,另一腿大腿积极下压,足掌着地,膝、踝关节缓冲,着地后迅速转入后蹬;
(4)后蹬时摆腿送髋动作在先,膝、踝蹬伸在后;
(5)腾空时要放松,两腿交替频率要快。

图 4-1-23

（九）后踢小腿跑

后踢小腿跑的动作方法（见图 4-1-24）是：
（1）上体正直或略前倾，两臂前后自然摆动；
（2）足前掌着地，离地时足前掌用力扒地；
（3）离地后小腿顺势向后踢与大腿折叠，膝关节放松，足跟接近臀部；
（4）足前掌着地时膝要有一定高度，着地前足尖勾起，避免制动式着地。

图 4-1-24

(十)折叠腿跑

折叠腿跑的动作方法(见图 4-1-25)是:
(1)上体正直或略前倾,两臂前后自然摆动;
(2)后蹬结束后,立即向前上方抬大腿和收小腿,膝关节放松,大小腿充分折叠,边折叠边向前摆动;
(3)在摆腿折叠前摆的同时,另一腿的大腿积极下压,足前掌着地,膝、踝关节缓冲。

图 4-1-25

(十一)小车轮跑

小车轮跑的动作方法(见图 4-1-26)是：
(1)摆动时加大大腿的幅度,当大腿摆到一定程度时,小腿随惯性向前摆出;
(2)大腿积极下压,小腿主动做扒地式的动作,用足前掌扒地式着地;
(3)膝、踝关节充分放松,小腿随惯性摆出。

图 4-1-26

(十二)大车轮跑

大车轮跑的幅度大,需要全身用力,动作方法(见图 4-1-27)是:

(1)当摆动大腿抬到水平时,小腿随惯性向上方摆出;

(2)摆动大腿积极下压,小腿积极向下刨扒;

(3)着地时膝关节略弯曲,上体正直或略后仰,特别是跑的距离比较长时,着地时用踝关节缓冲,并伴有扒地动作。

图 4-1-27

(十三)上体前倾高抬腿跑

上体前倾高抬腿跑的动作方法(见图 4-1-28)是:
(1)起动时上体前倾;
(2)行进中尽量保持前倾状态,两臂配合有力摆动;
(3)步长比高抬腿要大些,向前速度要快;
(4)着地时膝关节可略弯曲,主要用踝关节缓冲。

图 4-1-28

（十四）单足跑

单足跑的动作方法（见图 4-1-29）是：
(1) 上体正直或略向跑腿一侧以维持平衡；
(2) 两臂配合摆动，用脚掌着地；
(3) 着地时膝关节略弯曲，膝、踝关节同时缓冲；
(4) 着地后立即收大腿，大小腿尽量折叠，往前上方摆腿；
(5) 两臂与另一腿协调配合，维持全身平衡。

图 4-1-29

第二节 中长跑基本技术

中长跑基本技术包括技术要素、起跑、起跑后加速跑、途中跑和终点跑等。

一、技术要素

中长跑的技术要素包括步长与步频和呼吸。

(一)步长与步频

跑的速度是由步长与步频决定的,中长跑运动员应保持适当的步长和稳定的频率,增强跑的节奏感。这种有节奏的跑能使肌肉和内脏器官的活动处于有利状态,并能推迟疲劳的出现。

1. 步长

步长的大小取决于运动员的腿长、蹬摆力量和动作幅度、后蹬角度、髋关节灵活性和柔韧性等因素。中长跑运动员的步长,男子一般为2~2.2米,女子为1.6~1.8米。

2. 步频

步频的快慢取决于神经系统的灵活性、肌肉收缩的速度和掌握技术的程度等。中跑运动员的步频一般为每秒3.5~4.5步,长跑为每秒3.5~4.3步。

采用加大步长的方法来提高跑速会受到一定的限制,因为过大的步长会消耗更多的体力,所以提高跑速的方法通常是在保持步长的前提下提高步频。

步频的快慢和每一步用的时间有关,每一步的时间又和支撑时期、腾空时期的时间有关。所以,支撑时期和腾空时期的时间应有适当的比例。

为了提高步频,除了减少腾空时间外,还应减少支撑时间。减少支撑时间主要是减少缓冲时间,缓冲时间和后蹬时间的比例大约是1∶1.75。

(二)呼吸

中长跑过程中,人体能量消耗大,供氧量如果不能满足运动的需要,就可能会出现跑速下降、步长缩短、步频下降的现象。所以,呼吸对发挥跑的技术起着重要作用,需要注意呼吸方法、呼吸节奏和呼吸极点等问题。

1.呼吸方法

为了改善气体交换和血液循环,达到所需要的通气量,需要掌握正确的呼吸方法,使呼吸的节奏和跑的节奏相结合,动作方法是:

(1)保证一定的呼吸频率和深度,呼吸频率为每分钟70~100个呼吸周期(包括呼、吸及间歇),呼吸深度约等于肺活量的1/3;

(2)要用鼻和半张的嘴同时进行呼吸,以呼气为主进行气体交换,每一个呼吸周期必须充分地呼气才能保证所需吸气量。

2.呼吸节奏

起跑、途中跑和终点跑都应保持呼吸节奏,不能以吸气为主或憋气。常用的呼吸节奏有3种。

(1)两步一呼、两步一吸,即四步一个呼吸周期;

(2)一步半一呼、一步半一吸,即三步一个呼吸周期;

(3)一步一呼、一步一吸,此方式一般用于最后冲刺。

3.呼吸极点

呼吸极点是指在跑的过程中,由于氧气供应不足,而出现胸部发闷、呼吸困难、动作无力、跑速下降、难于继续跑进等现象。当"极点"的难关被突破,身体运动能力就会逐渐提高,这种现象被称为"第二次呼吸"。对呼吸极点的认识和把握,应注意以下几点:

(1)呼吸极点并不意味着身体能量消耗达到了极点,而是在开始剧烈运动时,支配肌肉、关节等运动器官的神经兴奋性较强,迅速地从安静状态进入工作状态,使肌肉强烈收缩,作出各种动作,而支配心跳、呼吸等内脏器官的神经兴奋性较低,不能迅速地由安静状态进入工作状态,输送的血液和吸入的氧气难以满足身

体剧烈运动的需要，而体内代谢产物也不能及时排出；

（2）要认识到呼吸极点的出现是正常的运动生理现象；

（3）要注意呼吸节奏，有意识地加强呼吸，特别是加深呼气，让身体吸进较多的氧气，排出较多的二氧化碳气体；

（4）适当调整跑速，并保持已跑出的节奏；

（5）充分做好准备活动，使身体内脏器官的神经提高到一定的兴奋程度，再逐步加快跑速，以使内脏器官适应身体剧烈运动的需要；

（6）提高训练水平和适应剧烈运动的能力，改善内脏功能。

二、起跑

正确的起跑对成绩的提高是很有帮助的。中长跑通常采用的是站立式起跑，800米跑还可采用半蹲踞式起跑。

（一）站立式起跑

运动员听到发令员或其助手的召集后，在起跑线后大约3米处的集合线上按其道次排列顺序站立，准备起跑，动作方法（见图4-2-1）是：

（1）听到"各就位"的口令后，做一两次深呼吸，迅速站到起跑线后排呈一列或若干列横队；

（2）12人以上分成两组，分道同时起跑，大约65％的运动员为第一组，位于常规起跑线上，其余运动员为第二组，位于外侧4条跑道的弧形起跑线上；

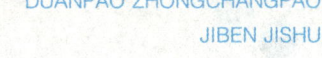

(3)两脚前后大约半步开立,有力的脚放在前面;

(4)脚尖紧靠起跑线的后沿,两腿弯曲,上体前倾;

(5)两臂呈跑的摆臂姿势(或两臂自然下垂),身体保持稳定,重心落在前脚上。

图 4-2-1

(二)半蹲踞式起跑

800米跑因起跑速度快,且第一弯道分道跑,所以常用单臂支撑的半蹲踞式起跑,动作方法(见图 4-2-2)是:

(1)将有力的脚及异侧手臂贴近起跑线撑地;

(2)前后脚相距一小腿长,左右间隔一脚宽,两膝弯曲;

(3)前腿大小腿夹角100°,后腿的大小腿约为130°,两脚均用前脚掌支撑;

(4)另一臂后摆,体重主要落在前脚,静听枪声;

（5）当听到枪声，后腿蹬地后迅速前摆；

（6）前腿迅速蹬伸，两臂配合腿部动作快速而有力地摆动，使身体尽快摆脱静止状态。

图 4-2-2

三、起跑后加速跑

起跑后加速跑是指从起跑第一步落地，到发挥出预计的速度或跑到战术位置的跑的阶段，动作方法（见图 4-2-3）是：

（1）对准跑动方向与弯道的切点，跑成直线，迅速提高速度；

（2）上体逐渐抬起，迅速有力地摆臂；

（3）当已经发挥个人的跑速或进入战术需要的位置时，开始进入有计划、有节奏的途中跑。

图 4-2-3

四、途中跑

中长跑的绝大部分距离是途中跑阶段,所以途中跑技术的正确掌握对于取得比赛的胜利尤其重要。途中跑技术包括上体姿势、摆臂、着地缓冲、后蹬与前摆和腾空等。

(一)上体姿势

上体姿势的动作方法(见图 4-2-4)是:
(1)保持正常的自然姿势或略前倾,前倾角度一般为 5°左右,超长距离跑前倾角度为 1°~2°;
(2)头自然地和身体保持同一直线,低头或仰头将造成上体的前倾或后仰;
(3)略收腹,送髋;
(4)面和颈肌肉放松;

(5)跑的过程中,上体角度变化范围为 2°～3°;

(6)上体不能过分前倾,否则会使胸廓活动范围受到限制,影响呼吸深度,还会影响大腿前摆。

图 4-2-4

(二)摆臂

摆臂动作能保持身体的平衡,调节步长和步频。加大摆臂的幅度和力量,能够增加腿部的蹬地效果。摆臂的动作方法(见图 4-2-5)是:

(1)摆动要以肩关节为轴;

(2)肘关节弯曲约 90°,用肘发力做前后自然摆动;

(3)臂向后摆时,肘关节略向外;

(4)臂向前摆时,肘关节略向内,不超过中轴线;

(5)肘关节的夹角向前小于向后;

(6)两臂与两腿协调一致,异向摆动,即随着摆动腿的送髋前

摆,髋关节沿着纵轴转动,肩部沿着同一纵轴与髋关节反向转动;

(7)两臂的摆动与两腿的动作幅度、频率始终保持协调一致;

(8)摆臂要放松。

图 4-2-5

(三)着地缓冲

着地缓冲的任务是减小地面对人体的冲击,减少水平速度的损失,为尽快转入后蹬创造有利条件。着地缓冲技术好坏的主要标准是看水平速度损失的情况,应尽量减少水平速度的损失。着地缓冲的动作方法(见图 4-2-6)是:

(1)脚着地前,以摆动腿大腿积极下压,小腿顺势自然前摆,并同时后摆做"扒地"式动作着地;

(2)用脚前掌或脚前掌外侧先着地,也可用前脚外侧先着地,然后过渡到全脚掌着地;

(3)着地点应距身体重心投影线近些,一般为 20～30 厘米;

(4)脚着地时,脚尖应正对跑进方向,两脚内缘应切一条直线,较好地保持跑的直线性,提高动作实效;

(5)脚着地后,迅速屈踝、屈膝和屈髋,完成缓冲动作,其中屈膝起主导作用,为后蹬创造有利条件;

(6)在垂直阶段脚跟略向下落或全脚着地,缓冲着地产生的冲击力;

(7)骨盆向摆动腿一侧倾斜,摆动腿的膝关节低于支撑腿的膝关节;

(8)身体靠惯性向前运动,未参与工作的肌群得以适度的放松,肌体获得一个短暂的休息。

图 4-2-6

(四)后蹬与前摆

支撑腿的后蹬与异侧大腿同时积极前摆是途中跑技术的突

出特点,动作方法(见图 4-2-7)是:

(1)发力以髋为轴,积极伸展;

(2)后蹬腿的髋、膝、踝三关节顺次充分伸展;

(3)同时,摆动腿屈膝前摆,并带动髋前送;

(4)后蹬结束时,上体略前倾,髋部前送;

(5)后蹬结束时,后蹬腿的膝关节应完全伸直,一般为 160°～170°;

(6)后蹬结束时,摆动腿的小腿与支撑腿几乎平行,大腿与地面角度一般在 20°～40°;

(7)发挥蹬、摆产生的向前动力,脚掌肌的力量和踝关节的柔韧性也应和蹬、摆力量同时发展;

(8)髋部前送幅度要大,使后蹬脚最大限度地落在身体之后,加大后蹬距离;

(9)伸髋的力量和速度,以及前摆着地的动作、落地支撑时与身体重心投影线的距离,决定了后蹬向前的效果好坏。

图 4-2-7

(五)腾空

后蹬腿蹬离地面,人体进入腾空阶段,动作方法(见图4-2-8)是:

(1)蹬地腿的小腿迅速向大腿折叠,形成以大腿长度为半径的摆动过程;

(2)大小腿折叠的角度为35°~50°;

(3)不应过高地向后甩小腿,而应在脚上抬的同时向前摆膝,缩短摆动半径,加快摆动速度;

(4)后蹬腿的脚离地后,立即放松小腿和大腿后群肌肉,避免肌肉过早疲劳;

(5)人体腾空后沿惯性向前运动,并获得短暂的休息,要利用腾空时期正确地放松肌肉。

图4-2-8

五、终点跑

终点跑是全程跑结束前最后一段距离的冲刺跑,终点冲刺的距离要根据比赛项目、个人特点和战术需要来确定。终点跑需要注意冲刺时段和冲刺要点。

(一)冲刺时段

冲刺时段包括 800 米跑冲刺时段、1500 米跑冲刺时段和 5000 米及 10000 米跑冲刺时段等。

1. 800 米跑冲刺时段

800 米跑可在最后 200~250 米冲刺。

2. 1500 米跑冲刺时段

1500 米跑可在最后 300~400 米冲刺。

3. 5000 米及 10000 米跑冲刺时段

5000 米及 10000 米跑可在最后 400~900 米冲刺。

(二)冲刺要点

终点跑需要注意以下几点:

(1)速度好的运动员,可在跟随跑的前提下选择时机,突然加速冲刺;

(2)耐力好的运动员,多采用长段落的加速冲刺;

(3)在进入最后一个弯道之前,必须占据有利位置,准备冲

刺，并注意对方的情况，确定开始冲刺时机，全力以赴加速，以顽强意志冲到终点；

（4）冲刺时，应加大摆臂力度，加快步频，增加躯干的前倾角度。

第五章 短跑、中长跑基础战术

短跑、中长跑的不同跑程及其相应的技术特点,决定了两者比赛战术也不相同。短跑运动跑程短,注重爆发力,对技术的要求更加严格,战术要求主要体现在各赛次的体力分配和心理调整上;中长跑运动跑程长,注重持久力,对战术的实际运用更具有针对性。

第一节 短跑基础战术

短跑的战术一般认为不如中长跑那么明显，但是短跑比赛同样也有力量分配问题，并且短跑比赛的赛次多，合理分配力量对于在各赛次获得好名次、好成绩都十分重要。短跑的基础战术包括实用战术和心理战术。

一、实用战术

短跑的战术要根据运动员本身训练水平、对方的实力、比赛的任务，以及气候和赛场的风向等因素，合理地运用，以取得优异的比赛名次和成绩。

(一)100米战术

100米比赛的战术运用表现为：
(1)力争在每一赛次中取得好名次；
(2)一旦在小组取得比赛的好名次就应养精蓄锐，为下一赛次做准备；
(3)决赛时，应采取能够充分发挥自己的特长、克对方之短的战术，去取得比赛的胜利。

(二) 200 米战术

200 米比赛的战术运用表现为：

(1) 在预、复赛次中确保取得好名次，进入决赛后全力跑出好成绩；

(2) 决赛中，应合理地分配自己前、后 100 米的体力，前 100 米要用接近本人最好成绩的速度，一般是低于本人直道 100 米成绩 0.3～0.4 秒；

(3) 在跑过弯道进入直道时，要顺惯性自然跑进两三步，然后全力跑到终点，通常前、后 100 米相差为 0.5～1 秒。

(三) 400 米战术

400 米比赛的战术运用表现为：

(1) 合理地分配体力，使用发挥自己的特长、克对方之短的战术，根据自己的道次来确定加速和跟随等战术；

(2) 一般"速度型"运动员（200 米兼跑 400 米），要采用较大的速度储备方法跑 400 米的前半程（低于本人 200 米最好成绩 0.8～1 秒），而后半程与前半程的速度有较大的差异，为 2.5～3 秒；

(3) 速度耐力型运动员（800 米兼跑 400 米）在开始的跑段，一般以较快速度跑前半程，前半程 200 米比自己 200 米最好成绩低 0.5～0.8 秒，前后 200 米跑的成绩相差为 2～2.5 秒；

(4) 400 米跑要更加注意放松，步幅要开阔，有明显的节奏感；

(5)为了取得优异成绩,目前400米跑多采用匀速跑,这样可避免过早地出现疲劳。

二、心理战术

短跑比赛中不仅存在实用战术,还有心理战术的应用。比如,在跑前大声地喊来给自己"打气",同时也是在给对方施加压力,导致对方发挥失常。所以,短跑心理战术的调整也非常重要,具体有以下几点:

(1)进行准备活动前,要计划好准备活动的全过程,明确在什么样的场地进行、达到什么样的程度等;

(2)不要因与他人聊天儿或其他行为而中断准备活动;

(3)了解对方的情况,并对其作出客观的评价,保持一颗平常心;

(4)要善于从对方的动作中受到启发;

(5)在更衣室培养自信;

(6)采取隔离法,避开与朋友或他人的接触,一个人或仅与教练员在一起,使兴奋程度保持在最适宜的范围。

第二节 中长跑基础战术

运动员制定中长跑战术方案时,应考虑参赛目的和任务、个人特点与赛时状态、主要对手的特点、赛制和比赛轮次、气候、场地和环境状况等因素,因素不同战术也不尽相同。在比赛中,速度

好的运动员应采取跟跑,在最后阶段冲刺超过对方,率先到达终点,耐力好的运动员,多采用领先高速跑的方法摆脱对方,中长跑运动员还应有主动变速领跑的能力,打乱对方跑与呼吸的节奏,消耗对方体力。中长跑的战术包括匀速跑战术、跟随跑战术、领先跑战术和变速跑战术等。

一、匀速跑战术

匀速跑是中长跑体力分配方案中较好的一种。匀速跑时,跑的节奏稳定,呼吸节奏也稳定,能保证需氧量和供氧量的平衡,使肌体始终处于良好的工作状态。所以,以平均速度跑完全程是节省能量的好方法。

二、跟随跑战术

跟随跑战术是指运动员跟在领跑者的后面,在最后冲刺阶段超越领跑者,取得胜利。跟随跑战术多在预赛、半决赛中使用,以保证取得下一个赛次的资格;或是运动员与对方实力有一定差距时,可用跟随跑的方法提高运动成绩。

以取胜为目的的跟随跑,一般要保持超过对方的高速度和一定的实力,以便做决定性的冲刺。跟随时,要密切注意领跑者和其他运动员的动向,准备随时在任何距离上采取行动,最好在领跑者的右侧以高速跑冲出包围圈。选用跟随跑战术的运动员应具备以下条件:

(1)具有较快的速度和较高的速度耐力水平;

(2)变速跑的代谢能力较突出；
(3)具有良好的竞技状态和顽强的意志；
(4)实力和主要对手相近。

三、领先跑战术

领先跑战术多采用匀速跑的方法，又称"创造最佳成绩的战术"。运动员依据自己的实际情况，预先将比赛全程、各个分段时间计划出来，主动控制跑的速度和节奏，并将终点计时所显示时间与预先计划的时间比较，调整自己的速度。选用这种战术跑时，对方的实力一般都相对较差。选用领先跑战术的运动员应具备以下条件：

(1)雄厚的训练实力和良好的竞技状态；
(2)良好的速度耐力和控制速度的能力；
(3)良好的意志品质和必胜的心理素质。

四、变速跑战术

变速跑战术是指在比赛全过程中，运动员主动改变跑的速度和加速的距离，以破坏对方跑的节奏和心理状态，增加对方的能量消耗和紧张程度，从而达到取胜的目的。变速跑战术是比较运动员速度耐力和机体代谢转换能力的战术，其能量消耗较大，技术难度较大。选用这种战术时，成绩一般会相对低一些。选用变速跑战术的运动员应具备以下条件：

（1）高速度的持续跑能力和高速度变速跑中机体代谢转换能力；

（2）雄厚的速度储备和能量储备；

（3）最佳的竞技状态和顽强的意志品质；

（4）具有较强的心肺系统功能和代谢功能。

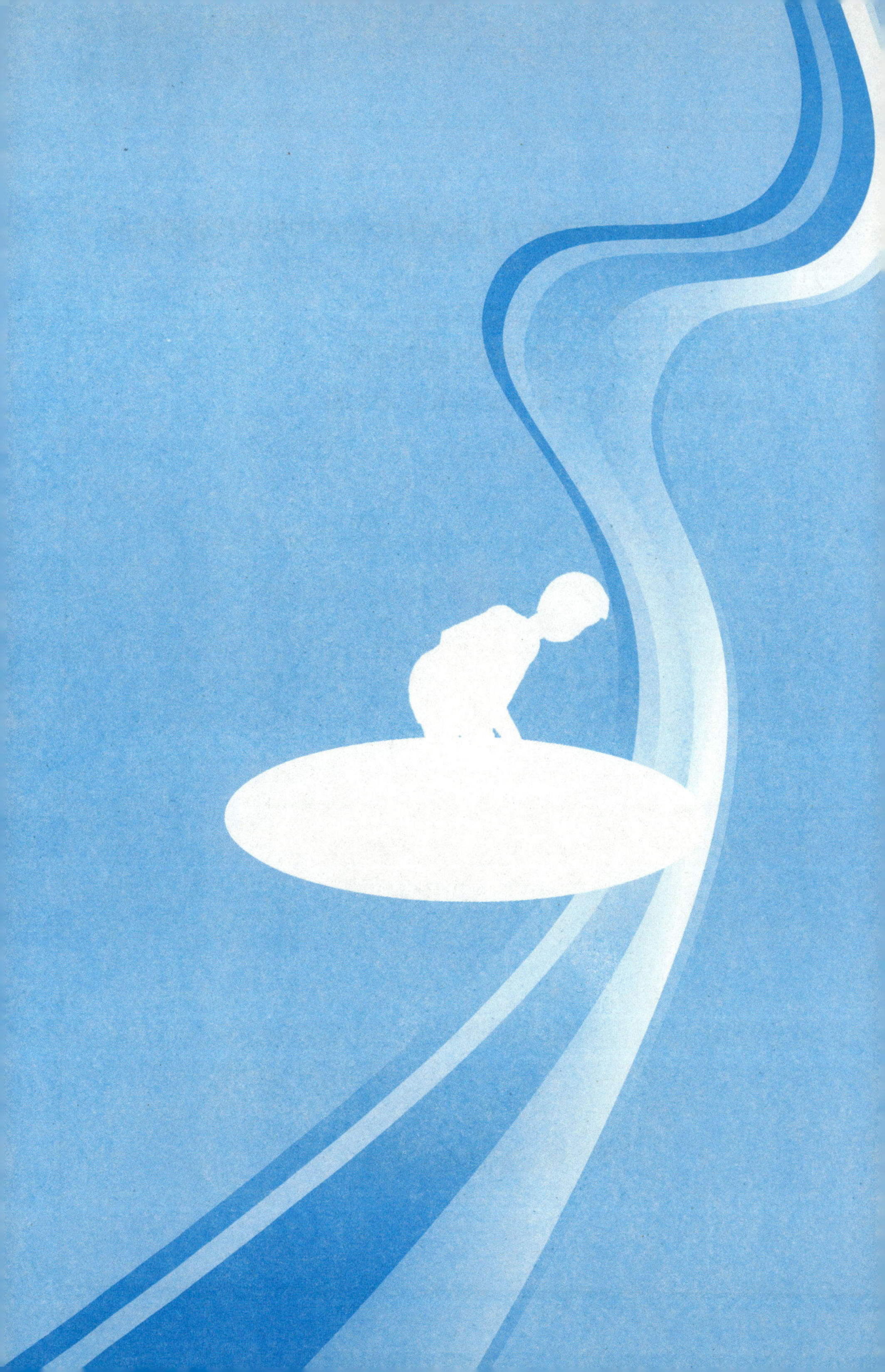

第六章 短跑、中长跑比赛规则

比赛规则是公平比赛、有序进行的有力保障。同时，运动员学习和掌握比赛规则，有助于充分发挥个人的技战术水平，提高自己的比赛成绩。

第一节 程序

短跑和中长跑比赛都属于径赛，在比赛程序上基本相同。

一、年龄级别

国际田径联合会（简称"国际田联"）比赛的年龄级别划分如下：

(1) 青年男子和女子组：凡比赛当年12月31日未满20周岁者；

(2) 元老运动员男子组：凡比赛当年12月31日已满或超过40周岁者；

(3) 元老运动员女子组：凡比赛当年12月31日已满或超过35周岁者；

(4) 少年男子、女子甲组：凡比赛当年12月31日满16～17周岁者；

(5) 少年男子、女子乙组：凡比赛当年12月31日满15周岁者。

二、参赛程序

运动员从报名参赛到比赛结束须遵循以下程序：
(1) 参加比赛的运动员进行报名；
(2) 对参赛队员进行资格审查；

(3)编排运动员姓名、号码对照表;

(4)统计各项目人数,为分组和预赛、决赛做好准备;

(5)对参赛运动员进行分组,分组要保证比赛的观赏性;

(6)进行比赛。

三、赛次组数与录取方法

参赛运动员数量太多,不能在一个赛次(决赛)进行比赛时,应举行若干赛次的分组赛。根据参赛运动员的人数,不同的比赛项目应有不同的赛次组数和录取方法,具体方法如下:

(1)100米、200米和400米的赛次组数和录取方法(见表6-1-1);

(2)800米、4×100米接力和4×400米接力的赛次组数和录取方法(见表6-1-2);

(3)1500米和3000米的赛次组数和录取方法(见表6-1-3);

(4)5000米的赛次组数和录取方法(见表6-1-4);

(5)10000米的赛次组数和录取方法(见表6-1-5)。

表 6-1-1

报名人数	第一赛次			第二赛次			第三赛次		
	组数	录取人数		组数	录取人数		组数	录取人数	
		按名次	按成绩		按名次	按成绩		按名次	按成绩
9~16	2	3	2						
17~24	3	2	2						
25~32	4	3	4	2	4				
33~40	5	4	4	3	4	4	2	4	
41~48	6	4	8	4	4		2	4	
49~56	7	4	4	4	4		2	4	
57~64	8	3	8	4	4		2	4	
65~72	9	3	5	4	4		2	4	
73~80	10	3	2	4	4		2	4	
81~88	11	3	7	5	3	1	2	4	
89~96	12	3	4	5	3	1	2	4	
97~104	13	3	9	6	2	4	2	4	
105~112	14	3	6	6	2	4	2	4	

表 6-1-2

报名人数	第一赛次 组数	第一赛次 录取人数 按名次	第一赛次 录取人数 按成绩	第二赛次 组数	第二赛次 录取人数 按名次	第二赛次 录取人数 按成绩	第三赛次 组数	第三赛次 录取人数 按名次	第三赛次 录取人数 按成绩
9~16	2	3	2						
17~24	3	2	2						
25~32	4	3	4	2	4				
33~40	5	2	6	2	4				
41~48	6	2	4	2	4				
49~56	7	2	2	2	4				
57~64	8	2	8	3	2	2			
65~72	9	3	5	4	4		2	4	
73~80	10	3	2	4	4		2	4	
81~88	11	3	7	5	3	1	2	4	
89~96	12	3	4	5	3	1	2	4	
97~104	13	3	9	6	2	4	2	4	
105~112	14	3	6	6	2	4	2	4	

表 6-1-3

报名人数	第一赛次 组数	第一赛次 录取人数 按名次	第一赛次 录取人数 按成绩	第二赛次 组数	第二赛次 录取人数 按名次	第二赛次 录取人数 按成绩
16~30	2	4	4			
31~45	3	6	6	2	5	2
46~60	4	5	4	2	5	2
61~75	5	4	4	2	5	2

表 6-1-4

报名人数	第一赛次 组数	第一赛次 录取人数 按名次	第一赛次 录取人数 按成绩	第二赛次 组数	第二赛次 录取人数 按名次	第二赛次 录取人数 按成绩
20~38	2	5	6			
39~57	4	6	6	2	6	3
58~76	4	6	6	2	6	3
77~95	5	5	5	2	6	3

表 6-1-5

报名人数	第一赛次		
^	组数	录取人数	
^	^	按名次	按成绩
28~54	2	8	4
55~81	3	5	5
82~108	4	4	4

第二节 裁判

对比赛而言，裁判员正确的裁判能够保证比赛的顺利进行，保证比赛结果的公平、公正；对个人而言，了解和掌握裁判规则，有利于个人技战术水平的充分发挥。

一、裁判人员

径赛的裁判人员有裁判长、裁判员和检查员等。

(一)裁判长

径赛项目应指派一名裁判长，保证规则得以贯彻执行。裁判

长在裁判员对名次有争议而不能取得一致意见时有权判定比赛名次，但不能取代裁判员或检查员的职能。

(二)裁判员

裁判员必须在跑道的同一侧执行任务，并判定运动员抵达终点的名次。如果无法取得一致意见，应提交裁判长裁决。

(三)检查员

检查员是裁判长的助手，裁判长应指定检查员站在能仔细观察比赛的地点。检查员发现运动员或其他人员犯规或违例时，应举红旗示意，并立即提交书面报告。但是检查员无权做最后裁决。

二、规则

径赛的规则涉及方方面面，下面按照短跑、中长跑比赛的各个阶段介绍一些主要规则：

(一)起跑器

400米及400米以下的所有赛跑项目，包括 4×400 米跑的第一棒，都必须使用起跑器，其他各项赛跑均不得使用起跑器。

（二）起跑

400米及400米以下的所有赛跑项目，包括4×400米跑，发令员会先发出"各就位"及"预备"口令。当所有运动员都"预备"就绪，发令员便可鸣枪或启动发令装置。

400米以上的赛跑项目，发令员只会发出"各就位"口令。当所有运动员都稳定后，发令员便可鸣枪或启动发令装置。

400米及400米以下的所有赛跑项目，包括4×400米跑的第一棒，运动员必须使用蹲踞式起跑及起跑器。在发出"各就位"口令之后，运动员必须在自己的分道之内和起跑线之后尽快做好准备姿势。此时双手和一膝必须与地面接触，而双脚则必须接触起跑器。在发出"预备"口令后，运动员应立即抬高身体重心做好最后起跑姿势。此时双手仍须与地面接触，双脚亦不得离开起跑器。

（三）途中跑

任何运动员以挤撞或阻挡来妨碍其他运动员前进，都应被取消比赛资格。有关裁判可命令除被取消资格以外的运动员重赛，或允许受影响的运动员参加下一赛次的比赛。

400米及以下的各项径赛，每名运动员应占有一条分道。在分道跑的比赛或部分为分道跑的比赛（如800米及4×400米），运动员应自始至终在各自的分道内比赛。跑出了自己分道的运动员应被取消比赛资格，不过若运动员是受到他人的推或挤而跑出了自己的分道，而且并未从中获得实际利益，则不应被取消比赛

资格。

此外，若运动员在直道上跑出了自己的分道或在弯道上跑出了自己分道外侧的分道线，却没有从中获得实际利益，也未有阻碍其他运动员，则不应被取消比赛资格。

除上述情况外，擅自离开跑道或比赛路线的运动员，不得再继续比赛。

(四)终点

判定运动员抵达终点的名次时，应以其躯干（不包括头、颈、臂、手、腿或脚）任何部分到达终点线近缘之垂直平面的顺序为准。

(五)计时

在跑道上举行的径赛项目，手计时成绩应判读至较差的1/10秒，如10.11秒应进位至10.2秒。

部分或全部在场外举行的径赛项目，手计时成绩应判读至较差的整秒，如2小时09分44.3秒应进位至2小时09分45秒。

(六)接力跑

4×100米接力跑为分道跑，4×400米接力跑的第一圈和第二圈的第一弯道末端抢道线前为分道跑。

4×100米接力跑的第二、三及四棒运动员可从接棒区后10米以内的地方起跑。

4×400 米接力跑的第一次交接棒应在各自的分道内完成，第二、三及四棒运动员均不得在接棒区外起跑，只能在接棒区内起跑。每队的第二棒运动员跑过第一弯道末端的抢道线后即可离开各自的分道。第三棒和第四棒运动员于接棒时应在指定裁判员的指挥下，按照各队跑完 200 米时的先后顺序，从内到外排列各队的接棒位置，并且应一直保持在接力区起点处的顺序和位置。

　　运动员必须手持接力棒跑完全程。如发生掉棒，必须由掉棒的运动员再次拾起接力棒。拾棒过程不得阻碍其他运动员，也不得缩短比赛路程，否则失去比赛资格。

　　接力棒的传递必须在接棒区内完成。接力棒的传递始于接力棒第一次触及接棒运动员，当接棒运动员单独手持接力棒的一刻开始便完成传递。

　　运动员在传棒之后，应留在各自的分道或接力区内，直到跑道畅通，以免妨碍其他运动员，否则犯规队可被取消比赛资格。

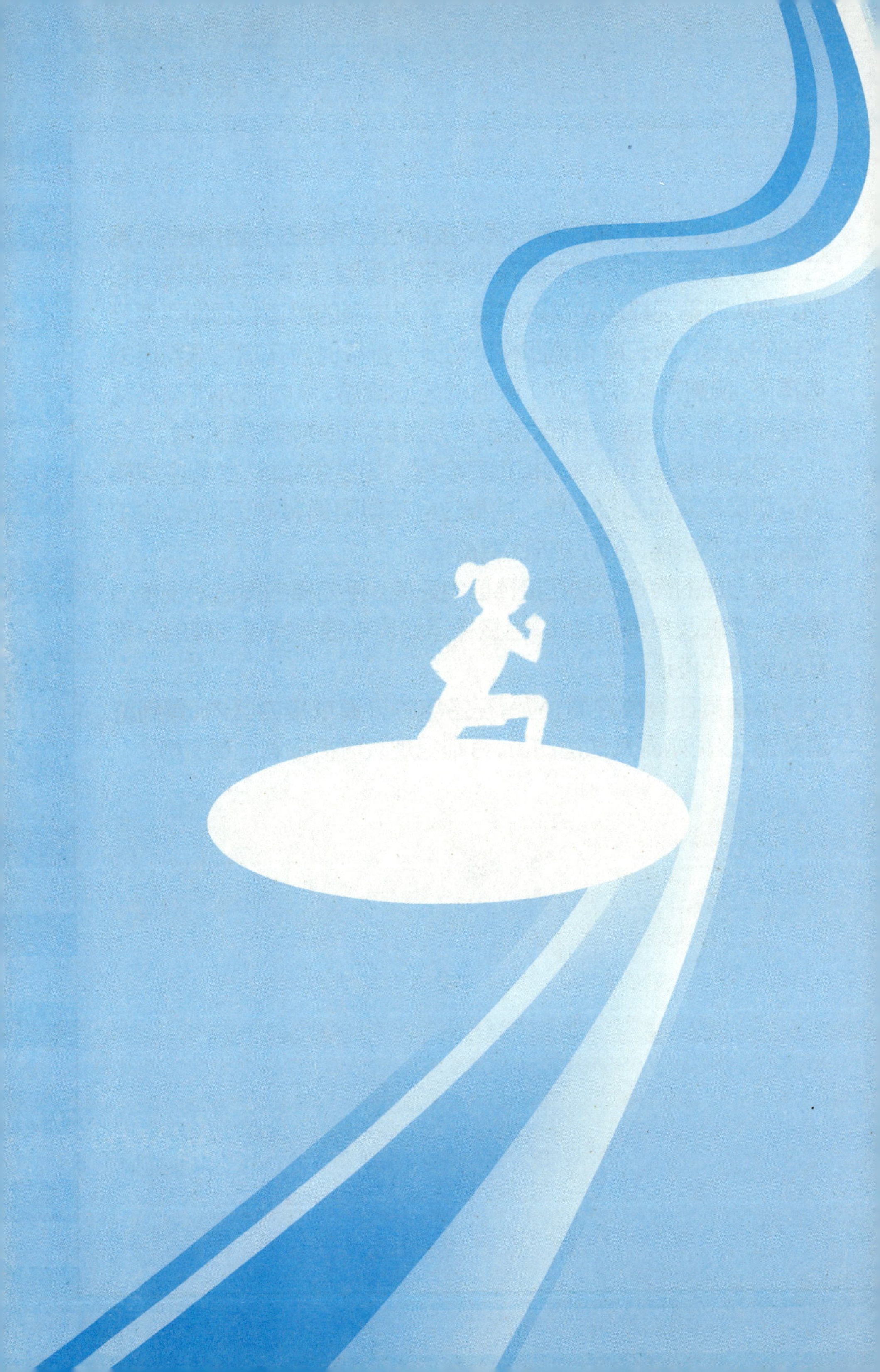

跨栏

第七章 跨栏概述

　　跨栏是在快速的奔跑中，连续跨过按规定设置的固定数量和固定高度的栏架的竞赛项目。跨越障碍物是人类在长期生产以及与自然做斗争中所形成的一种基本生活技能。作为田径运动项目的跨栏是由跨越障碍物的基本技能发展演变而来的。

第一节 起源与发展

跨栏起源于 200 多年前的英国，它是从跨越障碍的基本技术中发展起来的。

一、起源

18 世纪末，英国的牧童们常常越过羊栏，跳进跳出地追逐嬉戏。后来，在此基础上又逐步发展出将与羊栏类似的若干道栅栏移到平地上进行比赛，看谁能首先越过这些障碍并到达终点，这就是跨栏的雏形。

世界上的首次跨栏比赛是在 1837 年英国的埃通大学举行的。此后，跨栏比赛又逐步被推广到英国的其他各主要大学。但在当时，它还不是正式的比赛项目，而且技术水平也较低。

1864 年，跨栏在英国被列为正式田径比赛项目。在首届牛津、剑桥校际对抗赛上，首次举行了正式的跨栏比赛。

二、发展

1896 年第 1 届现代奥运会上就有了跨栏比赛。

1900 年的第 2 届奥运会，正式确定了 110 米跨栏比赛。

男子 400 米跨栏起始于法国，于 1888 年举行了第一次比赛。1900 年第 2 届奥运会将 400 米栏列为正式比赛项目。

女子跨栏出现于 20 世纪初。1932 年第 10 届奥运会将女子

80米栏列为正式比赛项目。1968年,国际田联决定将80米栏改为100米栏。1972年,慕尼黑奥运会将100米栏列为正式比赛项目。

女子400米栏出现的时间较短,1984年洛杉矶奥运会将女子400米栏列为正式比赛项目。

跨栏所用的栏架也有一个变化渐进的过程。20世纪初期,人们将栏架制作成能够移动的"⊥"形,1935年出现了现在使用的"L"形栏架(见图7-1-1),而且比赛规则对栏架的重量、规格及受多大力才能翻倒等,都作出了明确的规定。

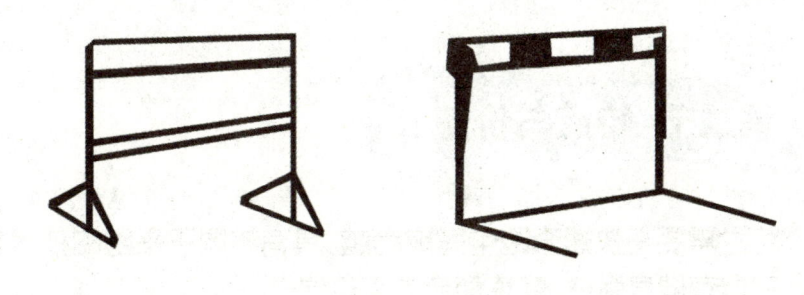

图 7-1-1

中国运动员的跨栏成绩正逐步跻身于世界先进水平。中国男子跨栏选手刘翔,在2006年瑞士洛桑田径超级大奖赛中以12秒88的成绩打破12秒91的世界纪录。

目前,奥运会所设的正式比赛项目有男子110米栏、400米栏,女子100米栏、400米栏共4项。截至到2006年底,这4个项目的世界纪录分别是(见表7-1-1):

表 7-1-1

项　目	成绩	创造者	国家	时间
男子 110 米栏	12 秒 88	刘翔	中国	2006 年
女子 100 米栏	12 秒 21	约尔丹卡·东科娃	保加利亚	1988 年
男子 400 米栏	46 秒 78	凯文·扬	美国	1992 年
女子 400 米栏	52 秒 34	尤莉娅·佩乔恩基纳	俄罗斯	2003 年

第二节 特点与价值

跨栏需要在快速奔跑中完成跨越，具有不同于平跑的技术特点。它具有健身强体、磨炼意志力等价值。

一、特点

跨栏具有运动强度大、快速有力和技术复杂等特点。

（一）运动强度大

跨栏需要在快速奔跑过程中连续跨过固定距离和固定高度的栏架，而且仅限于 400 米以下的距离，这就决定了它是一项高强度的运动项目。

(二)快速有力

跨栏属于短距离项目,需要具有强有力的爆发力和速度能力。因此,跨栏是一项以百分之一秒为计时单位的项目。

(三)技术复杂

与百米跑不同的是,跨栏需要在快速跑的过程中跨过10个栏架,有腾空的动作,因此,如何合理有效地减少跨栏时间,以及如何提高跨栏技术动作就变得相当重要,可见跨栏的技术比较复杂。

二、价值

跨栏运动需要跨越一定的障碍物,动作复杂、速度快,经常练习可以达到以下效果:

(1)改善中枢神经系统对身体运动系统各肌群的调控与支配能力;

(2)提高呼吸、循环等系统的机能,从而增进人体健康,促进青少年更好地生长发育;

(3)使速度、力量、柔韧、灵敏、耐力等身体素质得到全面发展;

(4)提高动作的灵活性、协调性、节奏性和准确性;

(5)培养勇敢、顽强、坚定、果断等意志品质,以及不屈不挠、勇于克服困难的精神。

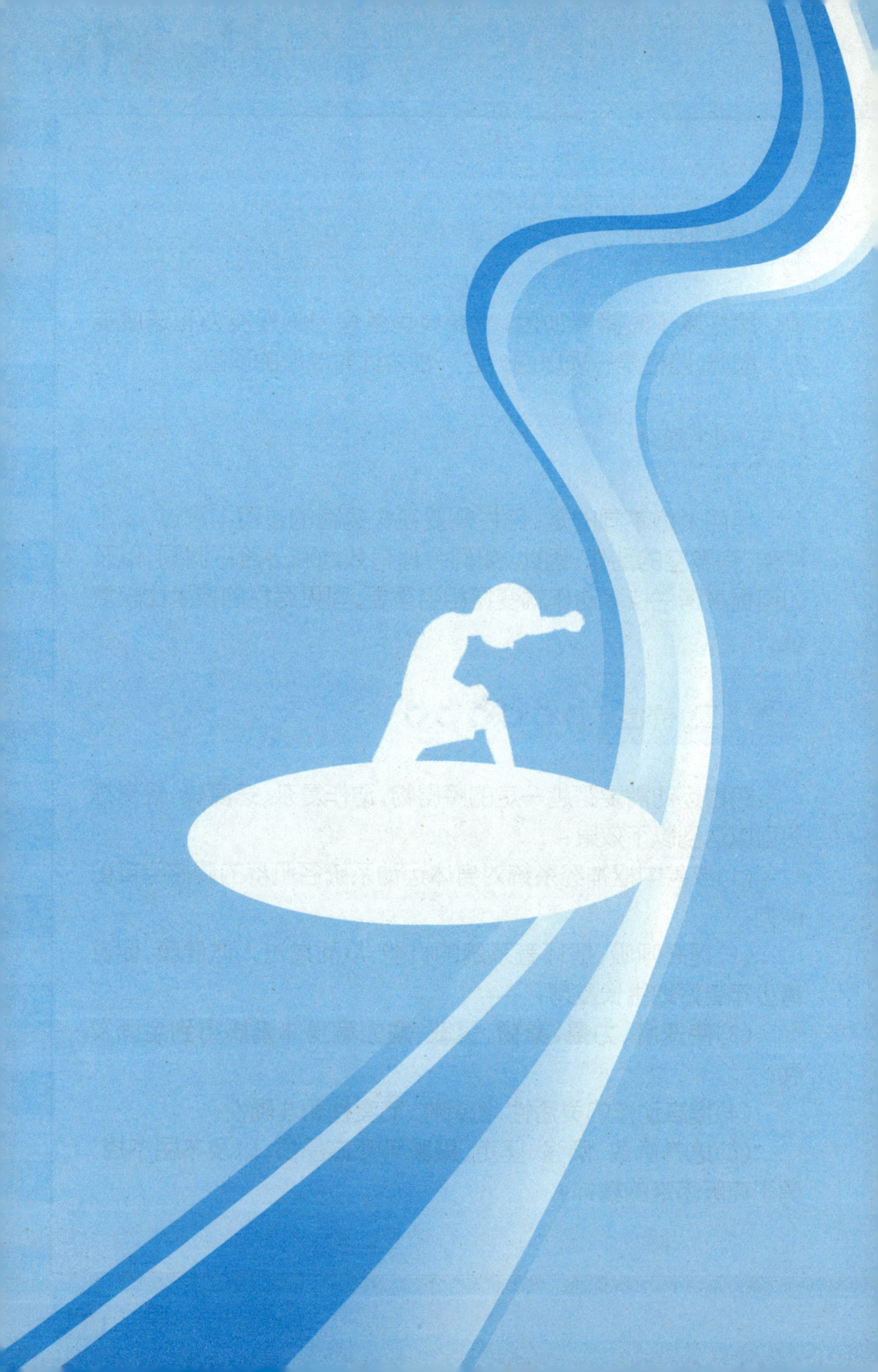

第八章　跨栏场地和装备

跨栏运动具有很强的观赏性和竞技性，对场地和装备都有很高的要求。高质量的场地是跨栏运动开展的前提条件，良好的器材和装备是运动参与者发挥较高水平的必要保障。

第一节 场地

跨栏的场地和其他径赛场地一样，需要在平整的场地，最好是塑胶场地上进行。场地的好坏将直接影响比赛的质量，对一些大型赛事而言更为重要。

一、规格

因为跨栏的分类不同，所以对于场地规格的要求也不等，但是不管多长的距离，都要严格按照相应的规定设置栏间距。

二、设施

(一)栏架的规格(见图 8-1-1)

(1)栏架宽度为 1.18~1.2 米，底座最长为 70 厘米；
(2)栏架总重量不得少于 10 千克；
(3)栏顶横木宽 7 厘米，厚 1~2.5 厘米，边缘应圆滑，两端应固定；
(4)栏顶横木颜色应漆成黑白相间的颜色，或涂以其他对比较醒目的颜色，两端为浅色条纹，其宽度至少为 22.5 厘米。

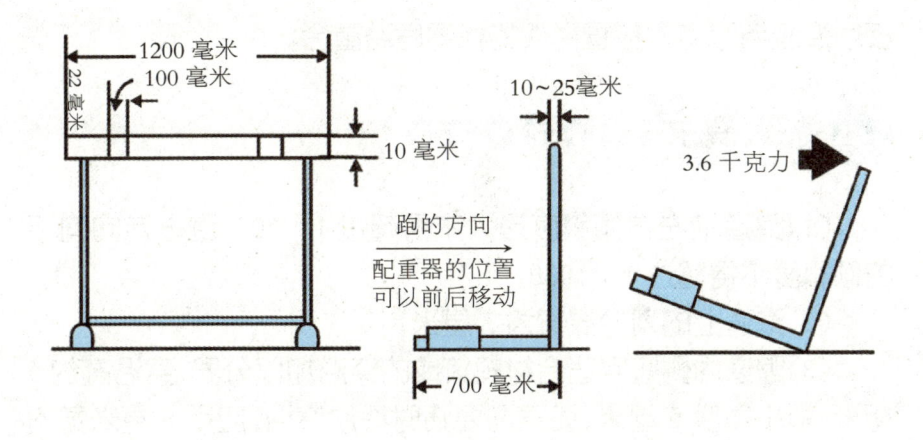

图 8-1-1

(二)栏架的构造

（1）栏架应用金属或其他适宜材料制成，栏顶横木是木料或其他适宜材料；

（2）栏架应包括两个底座支架和用一条或数条横木加固的、用以支撑长方形框架的两根立柱，立柱固定于底座的末端；

（3）栏架高度可按不同项目进行调整，并按栏架的不同高度调整栏架配重，使各种高度的栏架均需 3.6~4 千克力方可被推倒。

(三)栏架的放置

放置栏架时，栏架底座的支架应指向运动员跑来的方向，栏

105

板后沿应与跑道上放置栏架的标记后沿重合。

三、要求

（1）跑道的左右倾斜度最大不得超过 1∶100，跑进方向向下的倾斜度不得超过 1∶1000；

（2）跑道上的划分线宽为 7 厘米；

（3）跑道内侧应用适合材料筑成的突沿加以分界，突沿高约 5 厘米，最小宽度 5 厘米，如果需要临时移动突沿，应用 5 厘米宽的白线标出原突沿位置，并放置塑料锥形物或小旗，高度至少 20 厘米，间隔至多 4 米；

（4）在各种比赛中，如同意运动员自备栏架，必须经大会检查，检查合格后贴上合格标签，由大会场地器材组统一保管，到该项目比赛时一并发放至该项目裁判组。

第二节 装备

装备是开展运动的基本条件，合适的装备能够帮助运动者完成各种技术动作，还能有效避免各种运动伤害的发生。跨栏装备分为比赛装备和普通装备。

一、比赛装备

(一)服装

1. 款式

跨栏比赛的服装和其他田径项目相比没有特殊的要求,下身穿短裤,上身穿贴身背心,也可以穿连体服。

2. 要求

(1)参赛的运动员必须穿着干净的衣服,其设计样式和穿着方式应不妨碍观看,服装的材料在湿时不能透明;

(2)运动员不得穿着有碍于裁判员观看的服装;

(3)运动员的比赛上衣颜色应前后一致;

(4)参加国内一类田径比赛,运动员必须穿着印有代表单位名称的统一服装;

(5)运动员的比赛和热身服上只能出现规定允许的广告,严格禁止任何不允许的广告或其他标记出现在运动员服装上。

(二)比赛用鞋(见图8-2-1)

运动员可以赤脚、单脚或双脚穿鞋参加比赛。穿鞋比赛的目的是使双脚得到保护,并稳定牢固地抓住地面。比赛用鞋需符合以下要求:

(1)不得使鞋的构造为运动员提供任何额外的助力,鞋中不得附加任何种类的技术装置,以使穿着者得到任何不公平的有利

条件;

(2)允许在鞋面上加一根鞋带;

(3)鞋掌和鞋跟的构造至多可安装 11 枚鞋钉,凡不超过 11 枚鞋钉的运动鞋均可以使用,鞋钉的钉座也不得超过 11 个;

(4)在塑胶跑道上举行的比赛,鞋钉在鞋掌或鞋跟外面突出部分,其长度不得超过 9 毫米,鞋钉的最大直径为 4 毫米,非塑胶跑道的鞋钉最大长度为 25 毫米,最大直径为 4 毫米;

(5)鞋掌和鞋跟可有沟、脊、花纹和突起,但这些部分均应采用与鞋掌底部相同或类似的材料制成。

图 8-2-1

二、普通装备

(一)服装

在家庭体育活动中,对衣服穿着的要求没有那么严格,简单舒服即可，衣服尽量穿能吸汗的棉质运动服，不要过于肥大，以免影响技术的发挥。

(二)鞋

鞋一般是软胶底，容易蹬地、发力，且防滑。

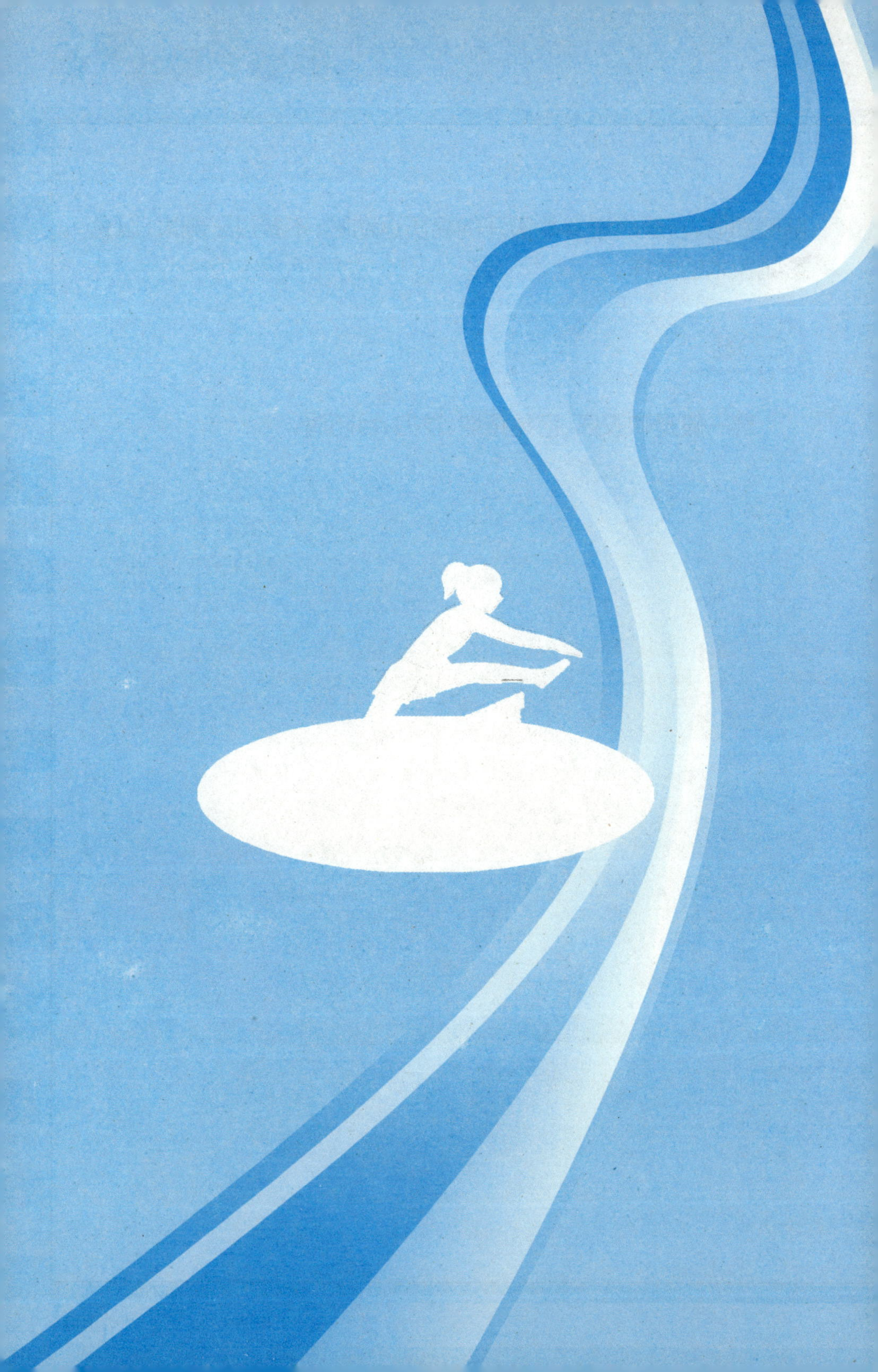

第九章　跨栏基本技术

　　跨栏是指在快速短距离跑中，连续跨越一定数量、高度和间隔距离的栏架的竞赛项目，包括男子110米跨栏，女子100米跨栏和男、女400米跨栏等。

第一节 男子 110 米跨栏

男子 110 米跨栏从起跑线至第一栏距离为 13.72 米，一般跑 7 步或 8 步，全程 10 个栏架、9 个栏间，栏高 1.067 米，栏间距 9.14 米，需跑 3 步，最后一栏至终点距离为 14.02 米，约 6 步。基本技术包括起跑至第一栏、过栏、栏间跑和全程跑等。

一、起跑至第一栏

从开始起跑至第一栏前起跨点（上栏前最后蹬离地面的那一点）准备过栏的动作过程称为起跑至第一栏，要求快速起动，积极加速，准确踏上起跨点，为顺利跨过第一栏并跑完全程打好基础。

1. 动作方法（见图 9-1-1）

（1）预备起跑时，上体逐渐抬起，快速蹬离起跑器，至第一栏如跑 8 步，应将起跨腿放在前面；

（2）起跑后积极摆腿、摆臂，逐渐加快速度，上体保持较大前倾；

（3）栏前最后一步比倒数第二步短 10~15 厘米；

（4）准确踏上起跨点。

2. 注意事项

（1）明确摆动腿和起跨腿，先过栏的是摆动腿，后过栏的是起跨腿；

（2）掌握正确的起跑姿势，身体重心应保持在较高的位置上；

（3）多加练习，力求起跑后的加速跑步数固定，步长稳定；

(4)加速积极,节奏感强。

图 9-1-1

二、过栏

过栏通常称为"跨栏步",即腾空过栏,指从起跨腿的脚踏上起跨点开始,到摆动腿的脚下栏着地为止的"一大步"的动作过程。过栏是跨栏最基本、最重要的技术,完成的好坏将直接影响跨栏的成绩,包括起跨攻栏和下栏着地等。

(一)起跨攻栏

起跨攻栏是指从起跨腿着地,踏上起跨点开始到后蹬结束为止的动作过程,是跑跨结合的关键技术。

1.动作方法(见图 9-1-2)

(1)栏前最后一步,起跨腿的大腿积极前摆,并用前脚掌准确踏着起跨点;

(2)摆动腿攻栏积极,屈膝高抬,小腿随惯性摆出,足尖适当

113

勾起；

（3）当身体重心移过垂直部位后，起跨腿用力蹬地，使髋、膝、踝与上体呈一直线；

（4）上体前倾，摆动腿异侧臂适时、有力地前摆，形成一个向栏"进攻"的动作。

2. 注意事项

（1）掌握好适宜的起跨距离，一般起跨点距栏架 2 米至 2.2 米，过远会造成上栏吃力、下栏困难，甚至腿或臀部擦碰栏板，过近则易向上"跳栏"；

（2）摆动腿积极攻栏时不要直腿摆出；

（3）保持较高的身体重心，可较好地减小整个跨栏步的重心波动差，有助于起跨攻栏阶段重心腾起角的减小。

图 9-1-2

(二)下栏着地

下栏着地是指从身体重心达到最高点,到摆动腿着地支撑这一动作过程,要求身体平稳、快速地转入栏间跑,尽可能减少水平速度的损失。

1. 动作方法(见图 9-1-3)

(1)摆动腿的脚一过栏板就进行积极下压,做鞭打式扒地动作,着地瞬间尽量保持膝关节伸直;

(2)起跨腿快速提拉,大小腿折叠,膝外展,膝关节高于踝关节,脚尖略勾,快速经体侧提拉至身体正前方;

(3)下栏着地过程中,上体配合摆动腿的下压自然向上抬起,摆动腿同侧臂自然向前摆动,异侧臂由前上方向后下方做较大幅度划摆。

2. 注意事项

(1)摆动腿和起跨腿的动作同时进行,两腿空中"绞剪"动作明显;

(2)下栏着地瞬间,摆动腿前脚掌先着地,重心跟住,无停顿动作;

(3)两臂配合两腿,动作积极有力,维持身体平衡,防止上体扭转;

(4)由于动作比较复杂,练习时可先做低栏过栏练习,再逐渐升高栏架。

图 9-1-3

三、栏间跑

栏间跑是指从过栏后摆动腿的脚着地,至起跨腿的脚踏上下一栏起跨点这段距离的动作过程,要求尽可能加快栏间跑节奏,提高跑速,为顺利跨过下一栏创造必要条件。栏间跑是跨栏的主要组成部分,有其特有的节奏。9.14米的栏间距离,除"跨栏步"距离外,要用三步跑完,第一步最小,步长1.5~1.6米,应尽快将跨栏动作转变为平跑动作,为栏间跑节奏和速度的发挥奠定基础,第二步最大,步长2~2.15米,第三步要比第二步缩短10~20厘米,形成栏前"短步",步长1.85~1.95米,这一步速度最快,既要保持和发挥速度,又要为跨下一栏创造条件。

1.动作方法(见图9-1-4)

(1)充分发挥踝关节及脚掌力量,借起跨腿的高抬快摆来加快髋部前移,支撑腿高重心支撑,上体不要突然抬起,用力摆臂来提高蹬地效果和加快离栏速度,使第一步具有一定的步长;

(2)第二步的动作结构、支撑与腾空时间的关系跟短跑、途中

跑大致相同,抬腿高,积极下压,前脚掌着地,上体略微前倾,两臂积极前后摆动,动作轻松,富有弹性;

（3）第三步时,摆动腿积极下压,着地点靠近身体重心的投影点时,速度达到最高。

2. 注意事项

（1）初学者可以适当缩短栏间距,以降低三步上栏的难度;

（2）栏间三步的步长比例合理,身体重心高,动作起伏小、频率快、直线性强,节奏稳定,更加接近平跑技术。

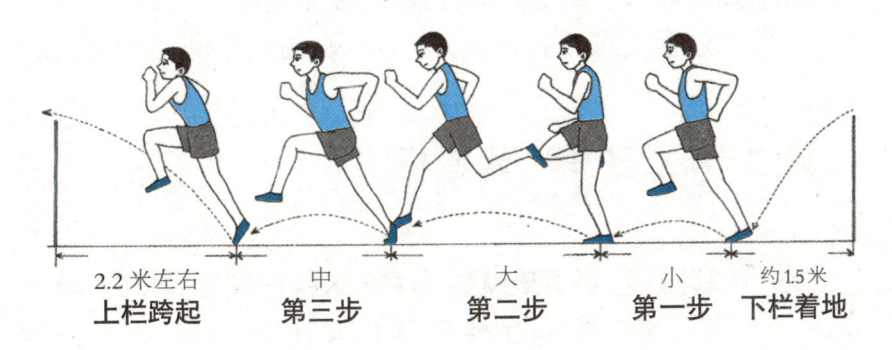

图 9-1-4

四、全程跑

全程跑是合理地将跨栏技术与栏间跑技术紧密结合起来,保持正确的步伐节奏,快速跨越全部栏架,到达终点的动作过程。

1. 动作方法

（1）过好第一栏,这对速度的发挥、节奏的稳定和练习者自信心的树立都有十分重要的意义;

（2）全程跑的前三栏属于加速阶段，第四栏至第六栏达到最高速，第七栏至第九栏应注意在技术上控制动作不变形，避免速度明显下降；

（3）第十栏是最后一个障碍，过此栏时，要加快下栏速度，过栏后把跨栏节奏调整为短跑节奏，迅速跑向终点，冲刺撞线，注意用力蹬地和摆臂。

2. 注意事项

（1）初学者在途中发生碰栏而失去平衡或破坏节奏时，不应心慌意乱，要冷静、沉着，迅速调整动作，恢复速度；

（2）整个过程要求节奏感强、直线性好、过栏流畅、动作规范。

第二节 女子 100 米跨栏

女子 100 米跨栏基本是从男子 110 米跨栏演变而来的，基本技术上不存在实质性差异，全程 10 个栏架，栏高 0.84 米，栏间距 8.5 米。由于栏架高度相对较低，因此在全程跑中身体重心起伏较小，过栏动作幅度小并且自然，更接近于平跑。基本技术也包括起跑至第一栏、过栏、栏间跑和全程跑等。下面侧重介绍女子 100 米跨栏与男子 110 米跨栏技术的不同之处：

一、起跑至第一栏

起跑至第一栏的距离为 13 米，一般跑七步或八步，采用蹲踞式起跑。

1. 动作方法（见图 9-2-1）

(1)"预备"起跑时,臀部抬得不如男子 110 米跨栏那样高；

(2)起跑后身体前倾度略大于男子 110 米跨栏,跑到第七步（在 9~10 米处）时,上体应基本直起,准备攻栏；

(3)每步的步长因人而异,一般为 0.65 米、1.05 米、1.35 米、1.40 米、1.50 米、1.60 米、1.75 米、1.65 米,起跨点距栏 2 米。

2. 注意事项

(1)起跑后的节奏要掌握好,步数固定,步长稳定；

(2)起跑后积极加速。

图 9-2-1

二、过栏

女子 100 米栏起跨的适宜距离在 1.9~2 米。由于女子跨栏的栏架较低,对大多数人来说,这个高度均低于腿长,且直立时在身体重心部位之下,这就决定了女子过栏的特点：跨栏步距离短,动作幅度小,过栏较省时、省力。

1. 动作方法(见图9-2-2)

(1)过栏时,摆动腿的向前摆动应大于向上摆动,膝盖不要摆得过高,能越过栏板即可;

(2)过栏后大腿积极下压,"切栏"动作可"狠"一些;

(3)起跨腿向体侧提拉,屈膝外展后,膝盖不必像男子过栏抬得那样高,向前提拉时,只要抬平不碰栏板即可;

(4)攻栏时,上体的前倾度和单臂前伸、侧划、后摆的幅度都应适当减小。

2. 注意事项

(1)过栏过程中,动作要集中向前,速度尽量快;

(2)初学者必须熟练掌握摆动腿和起跨腿的动作技术,积极攻栏,防止跳栏。

图9-2-2

三、栏间跑

女子100米跨栏的栏间距是8.5米,应用三步跑完,栏间三步的步长一般为1.65米、1.95米、1.85米。

1.动作方法(见图9-2-3)

(1)因栏架较低,上栏时上体不要过分前倾;

(2)栏间跑过程中,躯干前倾角度的改变不如男子110米跨栏明显。

2.注意事项

(1)对初学者来说,虽然栏架较低,但一开始就用三步跑完还是比较困难,需要经过一段时间的练习;

(2)经过练习能够三步上栏后,应注意改进栏间跑的速度和节奏。

图9-2-3

四、全程跑

由于全程为 100 米，栏架又较低，因此过栏时在时间和体力上的消耗较小。

1. 动作方法

全程跑过程中，动作应幅度小、频率快、向前性好，身体重心起伏不大。

2. 注意事项

初学者在练习时，要坚持跨完全程，不要半途而废。

第三节 男、女 400 米跨栏

男、女 400 米跨栏，从起跑至第一栏、栏间距及最后一栏至终点的距离都相同，只是栏高不同，男子为 0.914 米，女子为 0.762 米。由于全程距离较长，因此对步长、栏间节奏、速度和耐力等方面的要求较高。基本技术包括起跑至第一栏、过栏、栏间跑和全程跑等。

一、起跑至第一栏

400 米跨栏的起跑是在弯道上，起跑器安放在靠近所在跑道的外缘，对着左边跑道弧线的切点处。起跑至第一栏的距离为 45 米，一般男子跑 21 或 22 步，女子跑 23 或 24 步。

1. 动作方法（见图9-3-1）

（1）预备起跑时，至第一栏如跑单数步，把摆动腿放在前面，如跑双数步，把起跨腿放在前面；

（2）起跑后上体不要过早抬起，应保持较大前倾，沿着切线方向跑出一段距离后，再沿内侧弯道跑。

2. 注意事项

（1）初学者要注意起跑技术和跑动的路线；

（2）不论采用单数步还是双数步，在第十步或第十一步后，步长达到本人最大自然步长，并且不应有变化地保持跑到第一栏，上栏前最后一步可适当缩小10～15厘米，形成栏前短步；

（3）注意步长与节奏的稳定性，以便顺利、平稳地跨过第一栏。

图9-3-1

二、过栏

400米跨栏时，由于跑动的水平速度比110米跨栏和100米跨栏慢得多，因此整个过栏动作也就不那么迅猛，比较从容，包括

直道跨栏步和弯道跨栏步。

（一）直道跨栏步

与110米跨栏和100米跨栏相比，400米跨栏的栏架较低，技术难度相对较小，加之跑的距离较长，因此，在技术方面表现出上体前倾幅度小、腿部动作幅度大、腾空时间较长等特点。

1.动作方法（见图9-3-2）

（1）踏上起跨点时，起跨角度较小，蹬地方向更向前；

（2）起跨攻栏时，摆动腿屈膝前摆，大腿抬至水平后小腿向前摆伸，起跨腿留在身后，形成较大的分腿角；

（3）起跨腾空后，身体略前倾，起跨腿同侧臂向前上方摆出；

（4）下栏时，摆动腿的小腿过栏后积极下压，同时起跨腿迅速向前提拉，膝、踝关节擦栏而过，与此同时，同侧臂向后下方摆划，形成协调一致的"绞剪"动作；

（5）摆动腿的脚着地时，用前脚掌着地，以踝关节进行缓冲，膝关节保持伸直，着地点在身体重心投影点的略前方；

（6）下栏后距离栏架1.4～1.5米。

2.注意事项

由于女子400米跨栏的栏架比男子400米跨栏的栏架低，因此起跨攻栏时的后蹬力量、上体前倾角度、摆臂幅度和起跨腿提拉幅度都相对较小，更接近于平跑技术。

图 9-3-2

(二)弯道跨栏步

400米跨栏有5个架栏设置在弯道上,过栏技术与直道过栏略有差别,最好用右腿起跨攻栏,这样可以靠近跑道左侧跑,跑的弧线较短。

1. 动作方法(见图 9-3-3)

(1)起跨时,右脚前脚掌的内侧踏上起跨点,后蹬的用力方向是右后方,然后用力蹬出;

(2)左腿的大小腿折叠,向左前方摆动,当达到水平位置时,小腿向栏架的左上角摆伸,同时大腿及脚尖略外旋;

(3)上体在前倾时略向左转,使右肩高于左肩,起跨腿同侧臂越过身体中线,向左前上方摆出;

(4)腾空后上体前倾幅度略大些,起到克服离心力的作用;

(5)下栏时,左腿用前脚掌外侧,在靠近左侧分道线处落地;

(6)起跨腿提拉过栏时,加大向左前方的力度,由于身体向左倾斜,相对提高了右髋的高度,因此起跨腿不需抬得太高,但要拉

至身体左前方,沿跑道左侧分道线跑进。

2．注意事项

（1）在实践中,由于技术差、身体疲劳等原因,初学者有时会采用栏间双数步的跑法或变换栏间跑的节奏,这就可能出现左腿起跨的问题;

（2）左腿起跨时,起跨前几步应沿跑道的中线跑进,用起跨脚前脚掌的外侧踏上起跨点;

（3）右腿屈膝向左前方攻摆,达到最高点时,小腿向栏板中部摆伸,同时大腿及脚尖略内旋;

（4）身体略向左倾斜,起跨腿同侧臂向前上方摆动时不要越过身体中线;

（5）下栏着地时,摆动腿脚掌内侧落在跑道的中线偏外处,起跨腿提拉时要注意大小腿折叠紧,以免超出栏架犯规,提拉过栏后,在左前方落地,继续跑进。

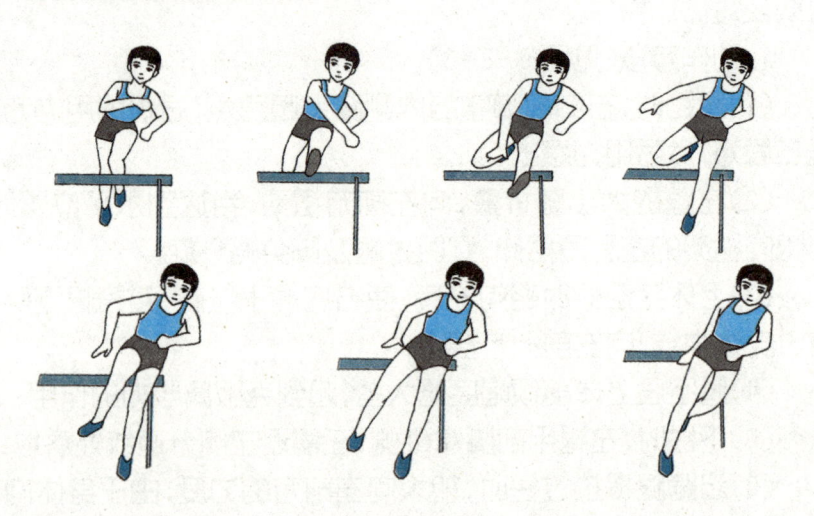

图 9-3-3

三、栏间跑

男、女400米跨栏的栏间距均为35米，一般男子跑13～15步，女子跑15～17步，由于个人的技术水平不同及后半程疲劳等原因，因此在不能保持相同节奏的栏间跑时，可采用变换步数的混合节奏跑法。混合节奏是指前半程、后半程或不同阶段采用不同步数的栏间跑节奏(见表9-3-1)。

1. 动作方法

(1)过栏后采用放松的大步跑，充分摆腿和后蹬，从上栏前三、四步开始要适当缩短步长，加快步频，有加速上栏的感觉；

(2)在后半程体力不足时应加大摆臂幅度，通过摆臂促进腿部运动幅度的增大；

(3)过第十栏后运动员要尽最大努力冲刺过终点。

2. 注意事项

(1)栏间跑步数和节奏是因人而异的，不能盲目模仿；

(2)栏间跑要尽量保持跑速均匀、节奏准确、动作轻松、向前跑的效果好；

(3)弯道跑时，身体尽量向内(左)侧倾斜，以克服离心力。

表 9-3-1

男运动员栏间跑步数	女运动员栏间跑步数
全程 13 步	全程 15 步
前 7 栏间 13 步,后 2 栏间 14 步	前 7 栏间 15 步,后 2 栏间 16 步
前 5 栏间 13 步,后 3 栏间 14 步	前 5 栏间 15 步,后 4 栏间 16 步
全程 14 步	全程 16 步
前 7 栏间 14 步,后 2 栏间 15 步	前 7 栏间 16 步,后 2 栏间 17 步
前 5 栏间 14 步,后 4 栏间 15 步	前 5 栏间 16 步,后 4 栏间 17 步
全程 15 步	全程 17 步

四、全程跑

400 米跨栏全程距离较长,合理分配体力对提高成绩有重要作用,前半程速度过快会造成体力消耗过大,致使后半程速度急速下降,前半程速度过慢会增大与对方的距离,也会使成绩不理想。一般优秀运动员前后半程的时间差在 2 秒左右。

1. 动作方法

(1) 起跑至第一栏为积极加速阶段,在第一栏前应达到较高的跑速;

(2) 下第一栏至第三栏主要是在弯道上,应注意克服离心力造成的影响,并以较高的速度进入直道;

(3) 进入直道后将跨越第四栏和第五栏,此时应采用轻快、协调的步伐,以保证在速度不下降的情况下,尽可能节省体力;

（4）第六栏至第八栏的栏架设置在第二弯道上，在此阶段既要克服弯道跑离心力增大的影响，又要注意保持最佳节奏；

（5）下第八栏后可通过节奏的变换来保证栏间跑的顺利进行；

（6）下第九栏后进入冲刺阶段，在保持原有节奏过好第十栏的前提下，加大摆臂幅度，全力冲向终点。

2. 注意事项

（1）过栏和栏间跑要紧密衔接，下栏后上体跟上；

（2）直道跑和弯道跑的转换要自然、流畅，不要转换得过僵而失去身体平衡，破坏跑动的节奏，以免耽误时间和影响跑速；

（3）掌握好体力的合理分配；

（4）贯彻以我为主的战术方针，不要因为对方的速度、节奏和干扰而影响自己的节奏和跑法。

第四节 跨栏辅助练习

跨栏技术比较复杂，难度较大，初学者掌握起来比较慢，动作容易变形。为了提高青少年的学习兴趣，加快对动作技能的掌握，需要了解跨栏的辅助练习方法，包括跨栏步辅助练习、栏间跑辅助练习和全程跑辅助练习等。

一、跨栏步辅助练习

跨栏步辅助练习包括助跑跨越技巧垫练习、助跑跨越橡皮筋

练习和助跑跨越栏架练习等。

(一)助跑跨越技巧垫练习

助跑跨越技巧垫练习的动作方法(见图9-4-1)是：

(1)初学者像跨越水沟一样助跑跨越平放在地面的技巧垫(可先横跨再纵跨)；

(2)起跨腿充分蹬伸的同时，摆动腿折叠，前摆跨出，用前脚掌着地并继续向前跑出；

(3)起跨腿离地后自然留于体后，不做膝外展动作，空中两大腿呈充分拉开姿势。

图 9-4-1

(二)助跑跨越橡皮筋练习

助跑跨越橡皮筋练习的动作方法(见图9-4-2)是：
(1)将系有橡皮筋的两个跳高架分别立于技巧垫前方两侧,助跑

跨越技巧垫前方的橡皮筋,橡皮筋高度可适当调节;

(2)摆动腿积极前摆下压,起跨腿充分蹬伸,离地后做屈膝外展提拉动作,两臂配合下肢做正确的摆臂姿势。

图 9-4-2

(三)助跑跨越栏架练习

助跑跨越栏架练习的动作方法(见图 9-4-3)是:

(1)将栏架调到适当的高度,进行助跑跨越横竿练习;

(2)摆动腿大腿高抬,小腿自然向前上方摆出,过横竿时上体前倾,摆动腿异侧臂尽量前伸,起跨腿屈膝外展,摆动腿越过横竿时开始下压,带动起跨腿向体侧提拉;

(3)初学者能跨越过去即可,随着跨栏步技术的提高,应将注意力转向动作细节上,如摆动腿的积极下压、起跨腿的提拉方向、上下肢的配合等。

图 9-4-3

二、栏间跑辅助练习

栏间跑辅助练习包括助跑跨越 3～5 道横绳和助跑跨越 3～5 道横竿等。

(一)助跑跨越 3～5 道横绳

助跑跨越 3～5 道横绳的动作方法是：
（1）用系有绳子的标枪插立两侧，按照一定的栏间距设置 3～5 道，可不断调节横绳高度和横绳间的距离，直至与正常的栏距、栏高相同；
（2）横绳间跑 3～5 步跨越横绳，跨越时积极做好过栏动作，逐步形成正确的栏间跑节奏。

(二)助跑跨越 3～5 道横竿

助跑跨越 3～5 道横竿的动作方法是：

（1）用跳高架托起横竿，按一定的栏间距设置3～5道，可不断调节横竿的高度和横竿间的距离，直至与正常的栏距、栏高相同；

（2）横竿间跑3～5步跨越横竿，跨越时积极做好过栏动作，逐步形成正确的栏间跑节奏；

（3）在练习栏间跑的过程中，应强调栏间跑的节奏，不要将注意力过多地放在栏间跑的步长上，否则会破坏栏间跑节奏的整体性，形成栏间不是跑而是跨的错误性技术。

三、全程跑辅助练习

全程跑辅助练习包括跨越8～10道横绳、缩短栏距全程跑跨越10个栏和他人陪跑全程跑跨越10个栏等。

(一)跨越8～10道横绳

跨越8～10道横绳的动作方法是：

（1）用系有横绳的标枪或跳高架代替栏架，设置8～10道，绳间距离与高度可适当调节；

（2）绳间跑三步，认真体会绳间跑节奏，跨越横绳动作要协调，进一步提高过栏技术，努力跑完全程。

(二)缩短栏距全程跑跨越10个栏

缩短栏距全程跑跨越10个栏的动作方法是：

起跑到第一栏的距离不变,把栏间距离缩短至 7 米左右,或根据年龄、身高调整栏间距离,栏高从低到高调节。

(三)他人陪跑全程跑跨越 10 个栏

他人陪跑全程跑跨越 10 个栏的动作方法是:

(1)按标准栏距设置 10 个栏,栏高从低到高适当调节,练习者找他人在栏侧陪跑全程;

(2)起跑至第一栏时,应注意步点准确,过好第一栏;

(3)第一栏至第四栏应积极加速,保持动作的同一性,第五栏至第八栏,体会技术动作,第九栏至第十栏注意加大步长,为终点冲刺做好准备。

第五节 跨栏专项身体训练

跨栏是田径运动中技术性较强的项目,对身体素质有较高的要求。这就需要对身体的速度、耐力、力量、柔韧性和协调性等方面进行专项训练,包括速度训练、专项耐力训练、力量训练、柔韧性训练、灵敏与协调性训练等。

一、速度训练

速度训练是跨栏专项身体训练的基础,平跑速度和在跑进中完成的过栏动作速度决定着跨栏的最终成绩。通过速度训练,可

以加强相应肌肉群的力量、改善肌肉群的柔韧性、提高神经反应过程的灵敏性、缩短起跑反应时间、加快动作频率等。速度训练包括平跑速度训练和跑跨结合能力训练等。

(一)平跑速度训练

根据跨栏的技术特点,在练习平跑时要强调高重心,跑得有弹性、有节奏,动作放松,在保证适宜步长的前提下加快频率。一次训练课的短跑量一般在200～250米至500～700米,间隔时间应以使身体能完全恢复、兴奋性没有明显下降为原则,适宜的时间为3～4分钟。提高最大速度跑能力的练习方法是:

(1)行进间35～65米,(3～4)次×2组;

(2)短距离接力跑,2人×50米或4人×50米,3次×3组;

(3)用栏(1～3栏)或不用栏的下坡跑,(25～55)米×(3～5)次×3组;

(4)短距离变速跑100～130米,(30米快跑+20米惯性跑+30米快跑+20米惯性跑)×3次×2组;

(5)短距离组合跑,(20米+40米+60米+80米)×(2～3)组,或(30米+60米+80米+60米+30米)×(2～3)组。

(二)跑跨结合能力训练

跑跨结合能力的训练方法是:

(1)降低栏架高度,不缩短栏间距离的跨栏;

(2)加长栏间距离,增加栏间跑步数,提高过栏和栏间跑速

度，400米栏可用栏间跑4～6步过栏；

（3）递减栏距，第三栏后依次递减栏距，提高并保持栏间速度和节奏；

（4）调整不同的栏间距离和栏架高度，变换栏间跑步数与步长，进行高速重复跨栏。

二、专项耐力训练

专项耐力训练是全方位的训练过程，力求不断提高一般耐力和速度耐力，包括提高无氧能力训练、改善有氧能力训练和专项耐力训练等。

（一）提高无氧能力训练

提高无氧能力训练包括非乳酸能供能能力训练和乳酸能供能能力训练等。

1. 非乳酸能供能能力训练

非乳酸能供能能力训练包括反复跑和短距离变速跑等。

（1）反复跑：(80米+2分钟休息+80米+4分钟休息+100米)×2次，强度70%，组间休息6分钟；

（2）短距离变速跑：(50米快+50米慢)×(5～6)次，或(100米快+50米慢+150米快+100米慢)×(5～6)次。

2. 乳酸能供能能力训练

400米组合练习：

（1）300米+休息35～60秒+100米，2～3组，组间休息

10~15分钟;

(2)200米 + 休息35~70秒 +200米,2~3组,组间休息10~15分钟;

(3)250米 + 休息30~60秒 +150米,2~3组,组间休息10~15分钟。

(二)改善有氧能力训练

法特莱克跑:快跑30~40秒 + 慢跑45~90秒,3~4组×4。

(三)专项耐力训练

专项耐力训练包括反复跨栏、超比赛段落跨栏、平跑与跨栏交替等。

1.反复跨栏

5~6栏,每次训练跨3~4次,间歇10~15分钟。

2.超比赛段落跨栏

(1)(10~12)栏×(2~3)组,间歇6~8分钟;

(2)400米栏可采用跑超长距离(500米、600米)加后5个栏的练习1~2组,间歇15~20分钟。

3.平跑与跨栏交替

(1)100米平跑 +200米跨栏(过5个栏);

(2)200米平跑 +200米跨栏(过5个栏);

(3)200米平跑 +300米跨栏(过5个栏)。

三、力量训练

力量训练包括最大力量训练、速度性力量训练、爆发力训练、力量耐力训练和专项力量训练等。

(一)最大力量训练

最大力量训练一般安排在基础准备期和专项准备期进行。一次训练课的最大力量训练量不应过多,中间可穿插一些其他练习,所采用的重量一般为青少年体重的 70%～120%,每组的重复次数从 3 次到 6 次不等。常用的杠铃练习包括提拉至胸、抓举、深蹲、半蹲跳起和负重体前屈等。

1. 提拉至胸(见图 9-5-1)

杠铃的重量是体重的 70%～80%,(2～3)组×(4～5)次。

2. 抓举(见图 9-5-2)

杠铃的重量是体重的 75%,(4～5)组×(3～5)次。

3. 深蹲(见图 9-5-3)

杠铃的重量是体重的 80%,(3～5)组×(4～10)次。

4. 半蹲跳起(见图 9-5-4)

杠铃的重量是体重的 80%～120%,4 组×(5～10)次。

5. 负重体前屈(见图 9-5-5)

杠铃的重量是体重的 60%～80%,(3～4)组×(5～10)次。

KUALAN JIBEN JISHU 跨栏基本技术

图 9—5—1

图 9—5—2

图 9-5-3

图 9-5-4

图 9-5-5

(二)速度性力量训练

速度性力量训练一般采用相当于青少年体重40%～50%的重量进行练习,要求以一定的频率在限定时间内完成规定数量的动作(一般5～15次),包括快速抓举、快挺、弓箭步跳、深蹲跳或半蹲跳等。

1.快速抓举(见图9-5-6)

3～4组×4～6次。

2.快挺(见图9-5-7)

3～4组×7～9次。

3.弓箭步跳(见图9-5-8)

4～5组×10～15次。

4.深蹲跳或半蹲跳(见图9-5-9)

3～5组×4～7次。

图9-5-6

短跑中长跑跨栏

图 9—5—7

图 9—5—8

图 9-5-9

（三）爆发力训练

爆发力训练包括杠铃练习、跳跃练习和负重练习等。

1. 杠铃练习

可以进行抓举、挺举、高翻、提铃至胸、半蹲和深蹲等杠铃练习。

2. 跳跃练习

可以进行立定跳远、立定三级跳、十级跨跳、高抬腿跳、一步一跳、蛙跳、跳栏架和跳台阶等跳跃练习。

3. 负重练习

可以进行负重 5~7 千克的深蹲跳、收腹跳、跨步跳和跳台阶等负重练习。

(四)力量耐力训练

力量耐力训练包括轻重量多次重复练习和长距离跳跃练习等。

1. 轻重量多次重复练习

(1) 负重相当于本人体重的50%,深蹲,4~6组×10~15次;

(2) 负重相当于本人体重的50%,弓箭步跳,4~6组×40~60次。

2. 长距离跳跃练习

(1) 跨步跳100~200米;

(2) 高抬腿跳100~200米;

(3) 单足跳60~100米;

(4) 轻跳200~300米。

(五)专项力量训练

负重练习和抗阻模仿动作练习是专项力量训练的主要方法,练习可在原地,也可在跑动中进行。练习时手臂和腿部要加橡胶带或沙袋,负重的大小和抗阻力的力量根据练习的特点而定。一般来说,完成这类练习时应保证动作的速度、节奏和轨迹。

1. 负重练习

负重练习包括负重2千克沙袋和负重0.5千克沙袋。

(1) 负重2千克沙袋

负重2千克沙袋(固定在小腿上)或橡胶带做起跨腿的模仿练习,3~5组×10~15次。

(2) 负重 0.5 千克沙袋

负重 0.5 千克沙袋在栏侧或栏上做过栏练习，3～5 栏×5～10 次。

2. 抗阻模仿动作练习

两手握单杠，身体呈悬垂姿势，做引体向上动作。做时头部要超过横杠，身体不能摆动，膝关节不能弯曲，有窄握、宽握，正握、反握，颈前、颈后等各种不同做法，脚下用橡皮绳系上杠铃片（见图 9-5-10）。

作用：主要发展屈肘肌群以及胸大肌、背阔肌等的肌肉力量。

图 9-5-10

四、柔韧性训练

柔韧性训练包括静力性柔韧性练习和动力性柔韧性练习。

(一)静力性柔韧性练习

静力性柔韧性练习包括肋木上压腿练习和垫上或草地上练习等。

1. 肋木上压腿练习

可以进行正压腿、侧压腿、后压腿、下腰和弓箭步压腿等肋木上压腿练习。

2. 垫上或草地上练习

可以两人一组或单人进行直腿并腿屈压、盘腿屈压、跨栏坐、盘腿坐、跪撑、跨栏坐向侧向后倒体、纵向横向劈叉、仰卧压腿、站立抬腿等垫上或草地上练习。

(二)动力性柔韧性练习

动力性柔韧性练习包括扶肋木大幅度摆腿练习、负重摆腿练习和模仿跨栏动作练习等。

1. 扶肋木大幅度摆腿练习

可以进行正摆腿、侧摆腿、后摆腿、前绕腿(直腿)、后绕腿等扶肋木大幅度摆腿练习。

2. 负重摆腿练习

负重摆腿练习就是在脚踝处系上橡皮绳,做攻栏回摆动作(见图9-5-11)。

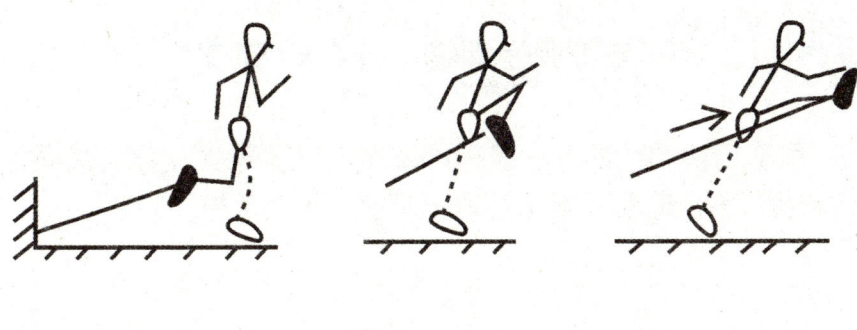

图 9−5−11

3. 模仿跨栏动作练习

练习者手扶着一面墙,做跨栏的动作(见图 9−5−12)。

图 9−5−12

五、灵敏与协调性训练

灵敏与协调性训练一般采用体操、技巧、球类、游戏、跳绳和全能运动等形式,以提高肌肉收缩速度和肌肉放松能力。

第十章 跨栏比赛规则

程序是比赛顺利进行的前提条件，裁判是比赛公平、公正的必要保障。学习和掌握比赛程序和裁判的相关知识，有助于参赛者把握比赛节奏，游刃有余地发挥自己的技术水平。

第一节 程序

跨栏比赛需要按照一定的程序来进行。合理有序的程序能为比赛带来很好的服务，保证比赛顺利进行，使比赛更加公平和公正。

一、比赛分组

跨栏比赛一般根据参赛选手最近一段时间内（一年内）的正规比赛成绩进行合理的分组，一般8人一组。

二、赛前准备

（1）赛前进行一系列的热身练习；
（2）在跑道上进行熟悉跑道的练习，进行跨2~3个栏架的轻跳；
（3）进行赛前的准备，检查自己的装备是否齐全；
（4）进行比赛。

三、晋级方法

跨栏比赛分为预赛、复赛和决赛，运动员根据在预赛和复赛中的成绩依次晋级。

第二节 裁判

对比赛而言,裁判员合理的裁判工作是比赛顺利进行的保证;对运动员个人而言,了解和掌握裁判规则能够使自己充分发挥技战术水平。

一、裁判员

跨栏的裁判员由主发令员、终点摄影计时主裁判、终点主裁判、主计时员、检查主裁判和风速测量员组成,他们负责内场径赛项目的裁判工作,掌握径赛项目的比赛情况,保证规则的贯彻执行以及解决比赛中发生的问题。

二、犯规

跨栏的犯规包括:
(1)抢跑;
(2)在跨栏时有意识地打栏;
(3)抢占别人的跑道。

三、罚则

对犯规者有以下处罚方法：
(1)抢跑一次的给予警告；
(2)如果第二次抢跑，直接罚下场，取消比赛资格。